# Basiswissen

Politik / Geschichte / Ökonomie

AF628298

Georg Fülberth

# Marxismus

PapyRossa

Dank an Gert Meyer

Eine Übersicht aller Titel der PapyRossa-Reihe
Basiswissen Politik / Geschichte / Ökonomie
finden Sie unter shop.papyrossa.de/basiswissen

5. Auflage 2025

© 2014 by PapyRossa Verlags GmbH & Co. KG, Köln
Luxemburger Str. 202, D-50937 Köln
Tel.: +49 (0) 221 – 44 85 45
Fax: +49 (0) 221 – 44 43 05
E-Mail: mail@papyrossa.de
Internet: www.papyrossa.de

Alle Rechte vorbehalten

Druck: Interpress, Budapest

Die Deutsche Nationalbibliothek verzeichnet diese Publikation in der Deutschen Nationalbibliografie; detaillierte bibliografische Daten sind im Internet über http://dnb.d-nb.de abrufbar

ISBN 978-3-89438-542-2

## Inhalt

# 1.
# Definition

Unter Marxismus soll im Folgenden verstanden werden:

1.) eine historisch-materialistische Analyse von Ökonomie und Klassenverhältnissen,
2.) eine auf diese gestützte Theorie der Politik,
3.) eine politische Praxis in der Perspektive einer Aufhebung der kapitalistischen Gesellschaft.

Was ist Historischer Materialismus? Die Antwort führt uns direkt zu seinen beiden Begründern, Karl Marx (1818–1883) und Friedrich Engels (1820–1895).

# 2.
# Karl Marx und Friedrich Engels

## 2.1 Historischer Materialismus

Karl Marx hat 1859 eine ganz knappe intellektuelle Autobiografie veröffentlicht, im Vorwort seines Buches *Zur Kritik der Politischen Ökonomie*. Dort lesen wir:

> »Mein Fachstudium war das der Jurisprudenz, die ich jedoch nur als untergeordnete Disziplin neben Philosophie und Geschichte betrieb. Im Jahr 1842-43, als Redakteur der ›Rheinischen Zeitung‹, kam ich zuerst in die Verlegenheit, über sogenannte materielle Interessen mitsprechen zu müssen.« (MEW 13: 7)[1]

---

1 MEW = Karl Marx/Friedrich Engels: Werke. Alle Zitate erfolgen aus dieser Edition. Die Zahl hinter ›MEW‹ nennt jeweils den Band.

Ein Konflikt mit den Eigentümern der *Rheinischen Zeitung* verschaffte ihm die Gelegenheit, »mich von der öffentlichen Bühne in die Studierstube zurückzuziehn.« (A. a. O.: 8)

Was er dort zu klären versuchte, beschreibt er so:

> »Die erste Arbeit, unternommen zur Lösung der Zweifel, die mich bestürmten, war eine kritische Revision der Hegelschen Rechtsphilosophie, eine Arbeit, wovon die Einleitung in den 1844 in Paris herausgegebenen ›Deutsch-Französischen Jahrbüchern‹ erschien. Meine Untersuchung mündete in dem Ergebnis, daß Rechtsverhältnisse wie Staatsformen weder aus sich selbst zu begreifen sind noch aus der sogenannten allgemeinen Entwicklung des menschlichen Geistes, sondern vielmehr in den materiellen Lebensverhältnissen wurzeln, deren Gesamtheit Hegel, nach dem Vorgang der Engländer und Franzosen des 18. Jahrhunderts, unter dem Namen ›bürgerliche Gesellschaft‹ zusammenfaßt, daß aber die Anatomie der bürgerlichen Gesellschaft in der politischen Ökonomie zu suchen sei. [...] Das allgemeine Resultat, das sich mir ergab und, einmal gewonnen, meinen Studien zum Leitfaden diente, kann kurz so formuliert werden: In der gesellschaftlichen Produktion ihres Lebens gehen die Menschen bestimmte, notwendige, von ihrem Willen unabhängige Verhältnisse ein, Produktionsverhältnisse, die einer bestimmten Entwicklungsstufe ihrer materiellen Produktivkräfte entsprechen. Die Gesamtheit dieser Produktionsverhältnisse bildet die ökonomische Struktur der Gesellschaft, die reale Basis, worauf sich ein juristischer und politischer Überbau erhebt und welcher bestimmte gesellschaftliche Bewußtseinsformen entsprechen. Die Produktionsweise des materiellen Lebens bedingt den sozialen, politischen und geistigen Lebensprozeß überhaupt. Es ist nicht das Bewußtsein der Menschen, das ihr Sein, sondern umgekehrt ihr gesellschaftliches Sein, das ihr Bewußtsein bestimmt. Auf einer gewissen Stufe ihrer Entwicklung geraten die materiellen Produktivkräfte der Gesellschaft in Widerspruch mit den vorhandenen Produktionsverhältnissen oder, was nur ein juristischer Ausdruck dafür ist, mit den Eigentumsverhältnissen, innerhalb deren sie sich bisher bewegt hatten. Aus Entwicklungsformen der Produktivkräfte

> schlagen diese Verhältnisse in Fesseln derselben um. Es tritt dann eine Epoche sozialer Revolution ein. Mit der Veränderung der ökonomischen Grundlage wälzt sich der ganze ungeheure Überbau langsamer oder rascher um. In der Betrachtung solcher Umwälzungen muß man stets unterscheiden zwischen der materiellen, naturwissenschaftlich treu zu konstatierenden Umwälzung in den ökonomischen Produktionsbedingungen und den juristischen, politischen, religiösen, künstlerischen oder philosophischen, kurz, ideologischen Formen, worin sich die Menschen dieses Konflikts bewußt werden und ihn ausfechten. Sowenig man das, was ein Individuum ist, nach dem beurteilt, was es sich selbst dünkt, ebensowenig kann man eine solche Umwälzungsepoche aus ihrem Bewußtsein beurteilen, sondern muß vielmehr dies Bewußtsein aus den Widersprüchen des materiellen Lebens, aus dem vorhandenen Konflikt zwischen gesellschaftlichen Produktivkräften und Produktionsverhältnissen erklären.« (Ebd.: 8/9)

Die Zweifel, von denen Marx im Eingang des hier wiedergegebenen Zitats spricht, betrafen einmal die Erkenntnismöglichkeiten einer ausschließlich idealistischen Philosophie – der Hegelschen –, zum anderen die sozialen Widersprüche, auf die er in seiner journalistischen Arbeit gestoßen war. Im Ergebnis gelangte er zur Kritik der politischen Ökonomie als der »Anatomie der bürgerlichen Gesellschaft«.

### Was ist ein Anatom?

Zunächst ein Naturwissenschaftler. Marx und insbesondere Engels haben naturwissenschaftliche Analogien immer wieder gesucht. Ein Anatom untersucht Strukturen, er zerstört sie nicht. Die Anatomie ist eine Hilfswissenschaft der Medizin, die sich die Heilung eines Organismus zur Aufgabe macht. Eine revolutionäre Tätigkeit ist das nicht. Und als ein Revolutionär tritt uns Marx in diesem Text auch nicht entgegen, sondern eben als – Anatom.

Ganz anders war das 15 Jahre vorher in einer Schrift, die er im vorstehenden Zitat erwähnt hat, in seiner Einleitung *Zur Kritik der Hegelschen Rechtsphilosophie*, 1844: Marx tritt uns hier entgegen als ein Schüler Hegels, der inzwischen den Lehrer gewechselt hat.

In Hegels Rechtsphilosophie sieht er den theoretischen Ausdruck des modernen westlichen Staates, insbesondere Frankreichs. Deutschland ist dahinter zurückgeblieben. Eine Aufhebung der deutschen Zustände auf dem Niveau Frankreichs wäre eine Verwirklichung der Hegelschen Philosophie. Das ist dann keine theoretische Aufgabe mehr, sondern nur noch eine praktische. Die Lehren der Philosophie müssen durch eine ihnen entsprechende Praxis verwirklicht werden, der Übergang von der Theorie zur Praxis ist insofern eine Aufhebung der Philosophie. Das Wort »Aufhebung« entnimmt Marx der Hegelschen Terminologie, es bedeutet in diesem Zusammenhang dasselbe wie Überwindung. Marx wirft seinen bisherigen Mitschülern, den so genannten Junghegelianern, vor, dass sie die Erkenntnisse der Hegelschen Philosophie nur auf der theoretischen Ebene weiter vorantreiben könnten. Ihre Richtung »glaubte, die Philosophie verwirklichen zu können, ohne sie aufzuheben.« (MEW 1: 384) Diese Aufhebung müsse durch Praxis erfolgen.

Aber die Praxis kann nicht theorielos sein, sie muss dem Weg und den Konsequenzen des bisherigen Hegelschen Denkens über Staat und Gesellschaft folgen. »Ihr könnt die Philosophie nicht aufheben, ohne sie zu verwirklichen.« (Ebd.)

Dies ist, zugegeben, eine vorläufige und vordergründige Interpretation der Marxschen Formulierungen über Verwirklichung und Aufhebung der Philosophie. Es gibt eine darunter liegende wichtigere Schicht: Wenn die Philosophie nur Ausdruck einer materiellen Realität ist, dann wird die Umwälzung der Realität auch die Philosophie, die auf dieser Realität beruht, aufheben. Doch die Aufhebung kann nur nach den Maßgaben bisheriger philosophischer Erkenntnisse erfolgen.

Die Philosophie, über die Marx hier, 1844, spricht, ist nicht mehr ausschließlich die Philosophie Hegels. Er hat den Lehrer gewechselt, aber dieser neue Lehrer ist ebenfalls ein Schüler Hegels, nämlich Ludwig Feuerbach (1804–1872), der lehrte, die materielle Realität sei nicht vom Geist her zu begreifen, sondern dieser sei seinerseits Ergebnis der materiellen Wirklichkeit der Menschen. Auf ihn bezieht Marx sich, wenn er schreibt: »Die Wurzel für den Menschen ist aber der Mensch selbst.« (MEW 1: 385) und: »Die Kritik der Religion endet mit der Lehre, dass der Mensch das höchste Wesen für den Menschen sei«. (Ebd.)
Das Menschenbild Feuerbachs sieht Marx allerdings in den modernen Staaten des Westens im 19. Jahrhundert noch nicht realisiert. Sie hatten Revolutionen zur Voraussetzung, aber diese brachten immer nur die Emanzipation eines Teils der Gesellschaft, einer neuen herrschenden Klasse, zuletzt: der Bourgeoisie. Ist der Mensch für den Menschen das höchste Wesen, dann stellt sich eine andere Frage, nämlich:

> »Kann Deutschland zu einer Praxis à la hauteur des principes gelangen, d.h. zu einer Revolution, die es nicht nur auf das offizielle Niveau der modernen Völker erhebt, sondern auf die menschliche Höhe, welche die nähere Zukunft dieser Völker sein wird?« (Ebd.)

Die Antwort auf diese Frage gibt er mit der Fortsetzung des Satzes, von dem soeben nur der Anfang zitiert wurde und der jetzt vollständig wiedergegeben werden soll:

> »Die Kritik der Religion endet mit der Lehre, daß der Mensch das höchste Wesen für den Menschen sei, also mit dem kategorischen Imperativ, alle Verhältnisse umzuwerfen, in denen der Mensch ein erniedrigtes, ein geknechtetes, ein verlassenes, ein verächtliches Wesen ist.« (Ebd.)

Es fällt auf, dass in Marx' Schrift *Zur Kritik der Hegelschen Rechtsphilosophie* Deutschland hervorgehoben wird. Vordergründig hat dies mit dem Veröffentlichungsort zu tun, mit den *Deutsch-Französischen Jahrbüchern*. Diese wollten von den Herausgebern – Arnold Ruge und Karl Marx – für zentral gehaltene Tatsachen mit einander verbinden: das Erbe der Französischen Revolution von 1789 und die umwälzende Potenz der Hegelschen, jetzt Feuerbachschen Philosophie. Aufgrund der absolutistischen bzw. halbabsolutistischen Zustände in Deutschland musste dort die westliche Revolution nachgeholt werden, aber die nächste Revolution konnte keine bürgerliche mehr sein, anders als in den Niederlanden am Ende des 16. Jahrhunderts, in England 1640–1688 und in Frankreich 1789 ff. Diese künftige Revolution hatte nämlich ein neues Subjekt:

> »Wo also die positive Möglichkeit der deutschen Emanzipation?
>
> Antwort: In der Bildung einer Klasse mit radikalen Ketten, einer Klasse der bürgerlichen Gesellschaft, welche keine Klasse der bürgerlichen Gesellschaft ist, eines Standes, welcher die Auflösung aller Stände ist, einer Sphäre, welche einen universellen Charakter durch ihre universellen Leiden besitzt und kein besondres Recht in Anspruch nimmt, weil kein besondres Unrecht, sondern das Unrecht schlechthin an ihr verübt wird, welche nicht mehr auf einen historischen, sondern nur noch auf den menschlichen Titel provozieren kann, welche in keinem einseitigen Gegensatz zu den Konsequenzen, sondern in einem allseitigen Gegensatz zu den Voraussetzungen des deutschen Staatswesens steht, einer Sphäre endlich, welche

> sich nicht emanzipieren kann, ohne sich von allen übrigen Sphären der Gesellschaft und damit alle übrigen Sphären der Gesellschaft zu emanzipieren, welche mit einem Wort der völlige Verlust des Menschen ist, also nur durch die völlige Wiedergewinnung des Menschen sich selbst gewinnen kann. Diese Auflösung der Gesellschaft als ein besonderer Stand ist das Proletariat.« (MEW 1: 390)

Marx hat hier zugleich das Subjekt der Revolution gefunden, das Proletariat, von dem er zu diesem Zeitpunkt noch nicht viel wusste. Diese Klasse wird von jetzt an zum zentralen Bestandteil der marxistischen Theorie der Politik. Ohne jene hätte letztere kein Subjekt. In der Einleitung *Zur Kritik der Hegelschen Rechtsphilosophie* war das Proletariat nur ein geschichtsphilosophisches Konstrukt. Das änderte sich bald: in der Zusammenarbeit mit Friedrich Engels, dem Autor des Buches *Die Lage der arbeitenden Klasse in England* (1845), in der Arbeit in sozialistischen Clubs in Frankreich und Belgien. Einer davon war der »Bund der Gerechten«. Ihm gehörten vor allem Handwerksgesellen an, die ab 1836 sich von dem 1834 gegründeten und von Intellektuellen geführten »Bund der Geächteten« trennten. Ihr einflussreichster Theoretiker war der Schneidergeselle Wilhelm Weitling (1808–1871). Er vertrat die Notwendigkeit einer auf dem Gemeineigentum (Kommunismus) beruhenden Gesellschaft, deren Grundzüge er in seinen Schriften darzulegen versuchte. Marx und Engels setzten seinem Entwurf, demzufolge jederzeit ein Umsturz möglich schien, die Unvermeidlichkeit einer historischen Entwicklung, die erst die materiellen Grundlagen einer solchen neuen Ordnung schaffen müsse, entgegen. Sie gewannen für ihre Auffassung – als Überwindung eines »utopischen« durch einen »wissenschaftlichen« Sozialismus – schließlich die Mehrheit in der Londoner »Gemeinde« des Bundes. Dieser transformierte sich 1847/1848 in den »Bund der Kommunisten«. In seinem Auftrag verfassten Marx und Engels 1848 das *Manifest der Kommunistischen Partei*. (MEW 4: 459-493)

Hier nahmen sie eine erste Anatomie der bürgerlichen Gesellschaft vor. Diese bürgerliche Gesellschaft ist Kapitalismus, sie ist in zwei Hauptklassen gespalten: Bourgeoisie und Proletariat. Der Ausgang ihres Kampfes gegeneinander – des Klassenkampfes – ist keineswegs gewiss, es geht um die Entscheidung zwischen einer neuen Gesellschaft oder dem gemeinsamen Untergang der kämpfenden Klassen. Zur neuen Gesellschaft findet sich folgende Aussage:

> »An die Stelle der alten bürgerlichen Gesellschaft mit ihren Klassen und Klassengegensätzen tritt eine Assoziation, worin die freie Entwicklung eines jeden die Bedingung für die freie Entwicklung aller ist.« (MEW 4: 482)

Zu diesem berühmten Satz aus dem *Manifest der Kommunistischen Partei* gibt es Interpretationsbedarf.

Erstens: Der Artikel 34 der jakobinischen Verfassung von Frankreich 1793, den in anderem Zusammenhang auch Domenico Losurdo (Losurdo 2013: 77) zitiert, lautete: »Unterdrückung der Gesamtheit der Gesellschaft ist es, wenn auch nur eines ihrer Glieder unterdrückt wird; Unterdrückung jedes einzelnen Gliedes ist es, wenn die Gesamtheit der Gesellschaft unterdrückt wird.« Im Umkehrschluss kamen Marx und Engels zu einer positiven Bestimmung.

Zweitens fällt die männliche Fassung auf: »die freie Entwicklung eines jeden« erlaubt nach damaligen Sprachgebrauch nur die Ergänzung: »die freie Entwicklung eines jeden *Mannes*«. Das lässt sich reparieren, indem wir schreiben: »die freie Entwicklung eines jeden *Menschen*«.

Drittens hat Stephan Hermlin 1979 durch das Bekenntnis überrascht, dass er bis dahin diese Stelle falsch gelesen habe, nämlich: »worin die freie Entwicklung *aller* die Bedingung für die freie Entwicklung *eines jeden* ist.« (Hermlin, Stephan 1979: 20-23)

Tatsächlich aber scheint bei Marx und Engels das Individuum vor dem Kollektiv zu rangieren. Dies sollte allerdings in einer *»Assoziation«* geschehen. Ein anderer Dichter, Peter Hacks, hat eine Übersetzung dieses Fremdworts angeboten:

> »Das mystische Marxwort von der ›Assoziation‹ wird minder neblig, wenn man das deutsche Wort hinzusetzt, das Marx damals einfach meinte: ›Genossenschaft‹.« (Hacks, Peter / Hans Heinz Holz 2007: 71)

Damit wäre eine ausschließlich individualistische Interpretation, in welcher nicht die *Assoziation*, sondern der *Markt* der Ort der Emanzipation ist, ausgeschlossen.

Die hier herangezogene Stelle kann auch in einer noch weiter gehenden Auslegung als selbst bei Hermlin gelesen werden, nämlich: die freie Entwicklung eines jeden Individuums sei nicht ein *Ziel*, aus dem sich die freie Entwicklung aller wie von selbst ergibt, sondern eine *Voraussetzung* für diese freie Entwicklung aller, ohne welche die freie Entwicklung der Einzelnen dieses über sie hinausgehende Ziel nicht erreicht – eine zwar notwendige, aber nicht hinreichende Bedingung.

Hinzu kommt, dass Marx und Engels sich auch zur Eigentumsfrage äußerten, die eine weitere Voraussetzung benennt:

> »Aber das moderne bürgerliche Privateigentum ist der letzte und vollendetste Ausdruck der Erzeugung und Aneignung der Produkte, die auf Klassengegensätzen, auf der Ausbeu-

> tung der einen durch die andern beruht. In diesem Sinn können die Kommunisten ihre Theorie in dem einen Ausdruck: Aufhebung des Privateigentums, zusammenfassen.« (MEW 4: 475)

Das ist die Trennungslinie gegen die Liberalen, für die die freie Entwicklung eines jeden als Bedingung für die freie Entwicklung aller ein Ziel ist, aus dem sich alles Weitere ergibt.

1859, nach dem Scheitern der europäischen Revolutionen von 1848 und nach der Enttäuschung seiner Hoffnung auf einen neuen revolutionären Aufschwung im Zusammenhang mit der Weltwirtschaftskrise von 1857, formulierte Marx die Bedingungen einer sozialen Revolution so:

> »Eine Gesellschaftsformation geht nie unter, bevor alle Produktivkräfte entwickelt sind, für die sie weit genug ist, und neue höhere Produktionsverhältnisse treten nie an die Stelle, bevor die materiellen Existenzbedingungen derselben im Schoß der alten Gesellschaft selbst ausgebrütet worden sind. Daher stellt sich die Menschheit immer nur Aufgaben, die sie lösen kann, denn genauer betrachtet wird sich stets finden, daß die Aufgabe selbst nur entspringt, wo die materiellen Bedingungen ihrer Lösung schon vorhanden oder wenigstens im Prozeß ihres Werdens begriffen sind.« (MEW 13: 9)

Hatte sich Marx bislang an der Französischen Revolution von 1789 orientiert, so galt dies zwar *politisch* weiter, *gesellschaftstheoretisch* aber – was den Übergang von einer Gesellschaft zur anderen angeht – war die Englische Revolution 1640–1688 aufschlussreicher. In England hatte sich im 17. Jahrhundert – lange vor der Industriellen Revolution – bereits eine agrar- und handelskapitalistische Gesellschaft herausgebildet. Mit dem Sturz der Stuart-Dynastie entledigte sie sich der absolutistischen politischen Hülle und schuf sich die ihr angemessene Staatsform: die konstitutionelle Monarchie mit Herrschaft eines Parlaments, in dem nur die Begüterten vertreten waren. Eine neue Gesellschaft hatte sich in der alten herausgebildet. Marx war nun aufmerksam geworden auf ähnliche Transformationsmerkmale im Kapitalismus. Er meinte fündig zu werden. 1847 hatte das Unterhaus die tägliche Arbeitszeit auf zehn Stunden begrenzt. Vorher gab es dafür keine Schranke. Wenn nun der Staat – obwohl kein einziger Arbeiter im Parlament saß (Arbeiter*innen* damals ohnehin nicht) – in die Ökonomie regulierend eingriff, dann wies das in die Zukunft. In der *»Inauguraladresse der Internationalen Arbeiterassoziation«* von 1864 schrieb Marx hierzu:

> »Zum erstenmal erlag die politische Ökonomie der Mittelklasse in hellem Tageslicht vor der politischen Ökonomie der Arbeiterklasse.« (MEW 16: 11)

Zu den Voraussetzungen dieses Erfolgs gehörte die außerparlamentarische Massenbewegung der Chartisten seit den dreißiger Jahren.

Marx entdeckte ein zweites Anzeichen für eine mögliche neue Gesellschaft:

> »Ein noch größerer Sieg der politischen Ökonomie der Arbeit über die politische Ökonomie des Kapitals stand bevor. Wir sprechen von der Kooperativbewegung, namentlich den Kooperativfabriken, diesem Werk weniger kühnen ›Hände‹ (hands). Der Wert dieser großen Experimente kann nicht überschätzt werden. Durch die Tat, statt durch Argumente, bewiesen sie, daß Produktion auf großer Stufenleiter und im Einklang mit dem Fortschritt moderner Wissenschaft vorgehen kann ohne die Existenz einer Klasse von Meistern (masters), die eine Klasse von ›Händen‹ anwendet; daß, um Früchte zu tragen, die Mittel der Arbeit nicht monopolisiert zu werden brauchen als Mittel der Herrschaft über und Mittel der Ausbeutung

> gegen den Arbeiter selbst, und daß wie Sklavenarbeit, wie Leibeigenenarbeit so Lohnarbeit nur eine vorübergehende und untergeordnete gesellschaftliche Form ist, bestimmt zu verschwinden vor der assoziierten Arbeit, die ihr Werk mit williger Hand, rüstigem Geist und fröhlichen Herzens verrichtet.« (A. a. O.: 11/12)

## 2.2. Kritik der Politischen Ökonomie

Gleichzeitig arbeitete Marx an der Fertigstellung des ersten Bandes des *Kapital*, der 1867 erschien.

Er gab diesem Werk den Untertitel *Kritik der Politischen Ökonomie*. Darunter verstand er eine Kritik

1. der kapitalistischen Volks- und Weltwirtschaft, die in dem Maße, in dem sie sich durchsetzt, immer mehr mit der Gesellschaft identisch wird, und
2. der bisherigen Volkswirtschafts*lehre*. Für beide – Volkswirtschaft wie Volkswirtschafts*lehre* – benutzt er – dem Sprachgebrauch französischer und britischer Theoretiker des 18. und 19. Jahrhunderts folgend (»Économie Politique«, »Political Economy«, deutsch häufig: »Nationalökonomie«) – den Begriff Politische Ökonomie«. Das Wort »Kritik« wird in zweifachem Sinn verwandt:
   a. wie z. B. in den Titeln der drei großen »Kritiken« von Immanuel Kant (*Kritik der Reinen Vernunft, Kritik der Praktischen Vernunft, Kritik der Urteilskraft*) als Analyse der Möglichkeiten und Grenzen – bei Kant: des Erkenntnisvermögens, des sittlichen und des Kunsturteils, bei Marx: der kapitalistischen Wirtschaftsordnung und der bisherigen Auffassungen über diese. Unter »Ökonomie« wird bei ihm implizit immer nur die kapitalistische verstanden.
   b. Wichtiger aber ist Kritik im Sinne der Entschleierung und Widerlegung. Politische Ökonomie ist dann eine

> sich als Wissenschaft verstehende Denkform, die laut Marx letztlich nur eine Verkehrung von Realität ist, weshalb er sie wieder auch als »verrückt« (MEW 25: 483) charakterisiert.

War bei Hegel der Geist Subjekt der Geschichte und beim jungen Marx des Jahres 1844 das Proletariat, so untersuchte dieser – wie der Titel des Werks schon zeigt – nun ein neues Subjekt: das Kapital selbst. Er wollte herausfinden, was die Bedingungen der Aufhebung des Kapitalismus als Konsequenz von dessen eigener Dynamik sind.

Dabei entdeckte er den Mehrwert und das Streben nach seiner Erzeugung als die treibende Kraft. Was ist das?

Marx arbeitete u. a. die Werke von Vorgängern wie Adam Smith (1723–1790) und David Ricardo (1772–1823) kritisch auf.

Für sie wie für ihn war der Wert einer Ware ausschließlich durch die Menge an Arbeit, die im gesellschaftlichen Durchschnitt für ihre Herstellung aufgebracht werden musste, bestimmt. (Man bezeichnet diese Auffassung als Arbeitswertlehre.) Auch der Wert der Rohstoffe und der Zwischenprodukte kann in der Menge der Arbeit, die für ihre Herstellung benötigt wird, gemessen werden. Dabei ist die Arbeitskraft selbst eine Ware. Ihr Wert bestimmt sich ihrerseits durch eine Menge: das ist die Zeit, die gearbeitet werden muss, um den Lebensunterhalt der Arbeitenden im weitesten Sinn (Nahrung, Kleidung, Wohnung, Aufwendungen für den Unterhalt der Kinder = künftiger Arbeiter/innen) zu erzeugen. Man kann sie in Stunden messen, die mit Geld (=Lohn) bezahlt werden. Bei Marx (anders als bei Smith und Ricardo) hat die Arbeitskraft eine Eigenschaft, die sie von allen anderen Waren unterscheidet: Sie kann länger angewandt werden, als ihre eigene Herstellung bzw. Wiederherstellung erfordert. Marx demonstriert dies am Beispiel eines Zwölfstundentages, der vor der Reform von 1847 in Großbritannien üblich war: Die Zeit für die Erzeugung der Güter, die ein Arbeiter / eine Arbeiterin für seinen (ihren) Lebensunterhalt benötigt, betrage sechs Stunden. (Der Geldausdruck für diese Zeit, der Lohn, ist im von Marx gewählten Beispiel drei Schilling = sh.) In diesen sechs Stunden stellt diese Arbeiterin oder dieser Arbeiter eine bestimmte Menge einer Ware (im von Marx benutzten Beispiel: zehn Pfund Garn) her. Doch die Arbeitskraft kann länger angewandt werden, sagen wir: zwölf Stunden. In dieser zusätzlichen Zeit wird weiter Garn (noch einmal zehn Pfund) erzeugt. Aber dafür wird nicht zusätzlicher Lohn gezahlt. Das Äquivalent dieser weiteren Arbeit – den Mehrwert (bei Marx: wiederum drei Schillinge) – eignet sich der Unternehmer an, er ist sein Gewinn. Seine auf diese Weise bewirkte Erzielung ist die »Verwertung« des eingesetzten Kapitals. Das Verhältnis des Mehrwerts zum tatsächlich gezahlten Lohn nennt Marx die Mehrwertrate. Von ihr ist die Profitrate (heute spricht man eher von der Rendite) zu unterscheiden. Hier wird der Mehrwert nicht nur durch den Lohn dividiert, sondern durch eine Summe, die aus dem Lohn und den Kosten für Anlagen, Vorprodukte und Rohstoffe besteht. Die Profitrate ist also der Quotient aus Mehrwert und dem gesamten aufgewendeten Kapital. Auch der Profit kann nach Marx in Arbeitszeit gemessen werden.

Der Mehrwert ist bei Marx zwar eine notwendige, aber nicht die hinreichende Voraussetzung des Kapitalismus. Denkbar ist, dass ein Eigentümer von Produktions- und Zirkulationsmitteln zwar einen Gewinn erzielt, diesen aber ausschließlich für seinen Konsum verwendet. Die eingesetzten

Mittel sind Kapital, das ihm nach dem Warenverkauf wieder voll zur Verfügung steht, falls er Verschleiß durch Rücklagen ersetzt. Es wird aber nicht vermehrt.

Die ständige Ausdehnung der Kapitalmasse – ihre *Akkumulation* – aber ist ein ausschließliches Merkmal des Kapitalismus, während Gewinn auch schon in vorkapitalistischen Gesellschaften erzielt wurde. Im Fall des völligen Verzehrs des Gewinns hätten wir es mit Kapital ohne Kapitalismus zu tun. Eine Gesellschaft, die durch einen solchen Zustand gekennzeichnet ist, hat es in der Geschichte bisher nicht gegeben.

Da Akkumulation darin besteht, dass ein Teil des Gewinns dem bis dahin schon bestehenden Kapital zugeschlagen wird, nimmt im Laufe der Geschichte des Kapitalismus die Masse des Kapitals ständig zu. Die kapitalistische Produktions- und Zirkulationsweise dringt damit in immer neue Bereiche ein. Hierfür ein paar Beispiele: Vor der Industriellen Revolution des 18. und 19. Jahrhunderts wurden fast nur Textilien kapitalistisch erzeugt und gehandelt, dazu auch die damaligen Zirkulationsmittel: Gold und Silber, die in Bergwerken gefördert wurden. Der Buchdruck wurde nur ausnahmsweise kapitalistisch, meist dagegen im Handwerk (wo nur selten Mehrwert erzeugt und noch seltener akkumuliert worden ist) betrieben. Die Industrielle Revolution des 18. und 19. Jahrhunderts brach in der Textilbranche durch und war anfangs auf diese beschränkt. Im Bergbau war die Förderung von Kohle der nächste Anwendungsbereich, zeitgleich auch die weitere Montanindustrie für die Förderung und Verarbeitung von Gebrauchsmetallen (Eisen und Stahl). Chemie- und Elektrobranche stellten Ende des 19. Jahrhunderts völlig neue Produkte bereit. Zunehmend wurden bislang nichtkapitalistische Formen des Arbeitens durch kapitalistische ersetzt. Schließlich drang in der zweiten Hälfte des 20. Jahrhunderts diese Produktions- und Zirkulationsweise in die Privathaushalte ein: Wo früher Hausfrauen (oder Dienstmädchen) durchgehend Speisen bereiteten und konservierten, die Wäsche wuschen und die Wohnungen reinigten, sind diese Tätigkeiten in hohem Maße durch kapitalistisch bereitgestellte Geräte und Verfahren ersetzt bzw. erleichtert worden (Tiefkühlkost, Waschmaschinen, Staubsauger). In den Fabriken und Bergwerken des 19. Jahrhunderts waren zwar schon massenhaft Frauen in Lohnarbeit beschäftigt. Andere aber leisteten unbezahlte Familienarbeit. Jetzt, im 20. Jahrhundert, gingen auch sehr viele von ihnen, die vorher Hausfrauen waren oder Hausfrauen geworden wären, lohn- und gehaltsabhängige Beschäftigungsverhältnisse ein: ihre Arbeitskraft wurde nunmehr also ebenfalls kapitalistisch angewandt.

Da Akkumulation ein Prozess ist, hat sie – und damit der Kapitalismus – von Anfang an eine Geschichte. Aufgrund dieser Tatsache nimmt diese Gesellschaft immer neue Formen an. Sie kann deshalb nie nur in ihrer Struktur, sondern sie muss zugleich historisch dargestellt werden.

Die Grundformel der Akkumulation, zugleich »Die allgemeine Formel des Kapitals« (MEW 23: 161-170), bei Marx lautet:

G – W – G' (A. a. O.: 170)
G = Geld; W= Ware; G' = Geld plus Gewinn.

Hat man die drei Bände des *Kapital* studiert, kommt man zu folgendem Ergebnis: Es analysiert gründlich, wie der Kapitalismus funktioniert, und weniger ausführlich, woran er zugrunde gehen könnte.

Unverrückbar bleibt die Norm, die zugleich der Forschungsantrieb von Marx ist:

> »Stellen wir uns endlich, zur Abwechslung, einen Verein freier Menschen vor, die mit gemeinschaftlichen Produktionsmitteln arbeiten und ihre vielen individuellen Arbeitskräfte selbstbewusst als eine gesellschaftliche Arbeitskraft verausgaben.« (MEW 23: 92)

Lassen sich innerhalb des Kapitalismus Tatsachen finden, die eine reale Entwicklung in dieser Richtung anbahnen? Antwort: Als Möglichkeiten ja, als Zwangsläufigkeiten nein.

Gewiss: es werden Engpässe der kapitalistischen Entwicklung gezeigt, die aber nicht notwendig Sackgassen sind.

Den ersten Engpass beschreibt das »Allgemeine Gesetz der kapitalistischen Akkumulation« (MEW 23: 640-740): wenn Maschinen immer mehr Arbeitskraft verdrängen, entsteht wachsende Arbeitslosigkeit, die zur Gegenwehr bis hin zur Aufhebung des Kapitalismus drängen, aber auch demoralisieren kann.

Der zweite Engpass: Das »Gesetz des tendenziellen Falls der Profitrate« (MEW 25: 221-277). Wiederum geht es hier um Verdrängung von Arbeitskraft durch Maschinen. Auf Dauer verkleinert sich dadurch der Quotient aus Mehrwert und Kapitalaufwand, die Rendite nimmt ab.

Aber diese beiden Engpässe sind keine Sackgassen. Dass wachsende Arbeitslosigkeit zwangsläufig zur Empörung führen muss, hat Marx nicht behauptet. Es gibt zahlreiche historische Gegenbeispiele. Der »tendenzielle Fall der Profitrate« ist für Marx eben nur eine *Tendenz*, der er »entgegenwirkende Ursachen« (MEW 25: 242-250) an die Seite stellt. Sie heben die Tendenz nicht auf, verlangsamen sie aber. Das *Kapital* enthält also keine *Zusammenbruchs-*, aber eine *Mög-*

*lichkeits*theorie. Marx spürt Ansätze einer denkbaren Transformation auf.

Das gilt u. a. für die ungeheuere Steigerung der Arbeitsproduktivität im Kapitalismus. Zum »Verein freier Menschen« gehört eben auch, dass diese möglichst viel freie Zeit für sich selbst – mit einem geringen Betrag an Arbeit für das Nötigste – haben. Die Senkung des hierfür erforderlichen Aufwands setzte bereits mit der Industriellen Revolution des 18. und 19. Jahrhunderts beschleunigt ein, es handelt sich also um eine Transformation innerhalb des Kapitalismus selbst.

Die Zentralisation des Kapitals in wenigen Händen erleichtert nach Marx' Meinung den Übergang der Produktionsmittel in öffentliches Eigentum. Aktiengesellschaften, in denen nicht mehr die Eigentümer, sondern herausgehobene Angestellte die Leitungstätigkeit übernehmen, machen erstere überflüssig, und es deutet sich die Möglichkeit an, dass die vereinigten Produzenten selbst diese Tätigkeit ausüben.

Der ehemalige Hegelianer Marx bleibt Dialektiker. Zu seinen Denkbewegungen gehört der Umschlag eines Zustandes in einen anderen. Als Wendepunkt zum Besseren führt er ihn sogar in Elendsschilderungen ein, so z. B. wenn er in der Ausbeutung von Frauen und Kindern in der Industriellen Revolution die Voraussetzung neuer Beziehungen zwischen Männern und Frauen sieht:

> »So furchtbar und ekelhaft nun die Auflösung des alten Familienwesens innerhalb des kapitalistischen Systems erscheint, so schafft nichtsdestoweniger die große Industrie mit der entscheidenden Rolle, die sie den Weibern, jungen Personen und Kindern beiderlei Geschlechts in gesellschaftlich organisierten Produktionsprozessen jenseits der Sphäre des Hauswesens zuweist, die neue ökonomische Grundlage für eine höhere Form der Familie und des Verhältnisses beider Geschlechter. [...] Ebenso leuchtet ein, dass die Zusammen-

> setzung des kombinierten Arbeitspersonals aus Individuen beiderlei Geschlechts und der verschiedenen Altersstufen, obgleich in ihrer naturwüchsig brutalen, kapitalistischen Form, wo der Arbeiter für den Produktionsprozeß, nicht der Produktionsprozeß für den Arbeiter da ist, Pestquelle des Verderbs und der Sklaverei, unter entsprechenden Verhältnissen umgekehrt zur Quelle humaner Entwicklung umschlagen muß.« (MEW 23: 514)

Dafür, dass diese Möglichkeiten auch genutzt werden können, gibt es bei Marx allerdings – trotz gelegentlicher Wortwahl, die dies nahe zu legen scheint – keine Zwangsläufigkeit.

### 2.3 Eigentum, Klassen, Staat

Aus der verschiedenartigen Verteilung des gesellschaftlichen Reichtums ergibt sich für Marx und Engels die Spaltung der Gesellschaft in Klassen von Eigentümern und Nichteigentümern an Grund und Boden, Produktionsmitteln und frei verfügbarem, also auch investierbarem Geld. Die Zuspitzung dieses Gegensatzes im Kapitalismus führe zur proletarischen Revolution.

Wir haben gesehen, dass Marx' Verständnis von Revolution sich im Laufe seines Lebens geändert hat.

Auch seine Haltung zur Eigentumsfrage durchlief eine Entwicklung. Zwar hatten Marx und Engels im *Manifest der Kommunistischen Partei* Aufhebung des Privateigentums als die zentrale Forderung vorgetragen, doch war hiermit noch nichts darüber gesagt, wodurch denn das aufgehobene Privateigentum ersetzt werden kann. Marx und Engels haben das Problem selbst benannt: »Was den Kommunismus auszeichnet, ist nicht die Abschaffung des Eigentums überhaupt, sondern die Abschaffung des bürgerlichen Eigentums.« (Ebd.) Die Gleichung Assoziation = Genossenschaft gibt eine Richtung an, ist aber nicht konkret. Dies konnte aufgrund der anti-utopischen Denkweise von Marx und Engels auch gar nicht anders sein: Zukunft war nicht vorwegzunehmen.

Offenbar aber wurde damals, 1848, an eine Phase gedacht, in der die Eigentums- mit der Staatsfrage verbunden sein werde:

> »Wir sahen schon oben, dass der erste Schritt in der Arbeiterrevolution die Erhebung des Proletariats zur herrschenden Klasse, die Erkämpfung der Demokratie ist.
>
> Das Proletariat wird seine politische Herrschaft dazu benutzen, der Bourgeoisie nach und nach alles Kapital zu entreißen, alle Produktionsinstrumente in den Händen des Staats, d. h. des als herrschende Klasse organisierten Proletariats, zu zentralisieren und die Masse der Produktionskräfte möglichst rasch zu vermehren.« (MEW 4: 481)

Die zehn »Maßregeln«, die in den fortgeschrittensten Ländern nach der Revolution in Anwendung kommen sollten, zeigen den Staat vor allem als wirtschaftlichen Akteur. (A. a. O.: 481/482)

Folgende Äußerung von Marx 1871 löste die bisherige Verbindung von Staat und einer ersten Form des Nicht-Privateigentums auf:

> »Aber die Arbeiterklasse kann nicht die fertige Staatsmaschinerie einfach in Besitz nehmen und diese für ihre eigenen Zwecke in Bewegung setzen.« (MEW 17: 336.)

Die Staatsmaschine müsse durch andere Formen der öffentlichen Gewalt ersetzt werden, als deren Merkmale Marx imperatives Mandat, Abberufbarkeit der Gewählten und Aufhebung der Gewaltenteilung nannte – Merkmale, die auch die Räte in Russland 1905 und 1917 aufwiesen. Im Vorwort zu einer Neuauflage des *Manifests der Kommunistischen Partei* von 1872 hat Marx die erste Version von 1848 ausdrücklich korrigiert und die Aussage von 1871 noch einmal wiederholt:

> »Namentlich hat die Kommune den Beweis geliefert, dass ›die Arbeiterklasse nicht die fertige Staatsmaschine einfach in Besitz nehmen und sie für ihre eigenen Zwecke in Bewegung setzen kann.‹« (MEW 18: 96).

Die neue Form der Öffentlichen Gewalt, die kein Staat im traditionellen Sinn sei, da sie die alten Formen der Repression nicht mehr im bisherigen Umfang benötige und schließlich ganz aufgeben könne, bezeichnete Marx, einem Sprachgebrauch seines Zeitgenossen Auguste Blanqui folgend, als »Diktatur des Proletariats«, die Friedrich Engels so interpretierte:

> »Der deutsche Philister ist neuerdings wieder in heilsamen Schrecken geraten bei dem Wort: Diktatur des Proletariats. Nun gut, ihr Herren, wollt ihr wissen, wie diese Diktatur aussieht? Seht euch die Pariser Kommune an. Das war die Diktatur des Proletariats.« (MEW 22: 199)

(Marx und Engels gebrauchten die Begriffe »Herrschaft« und »Diktatur« klassenpolitisch synonym – ein Unterschied zum Sprachgebrauch des 20. Jahrhunderts.)

Welche Arten des Eigentums mit diesen neuen politischen Mitteln durchgesetzt werden, ist anhand der Pariser Kommune nicht behandelt worden. In den nur zwei Monaten ihrer Dauer hatte sie – anders als in der Staatsfrage – hierfür kein Anschauungsmaterial geliefert.

Nicht nur in dieser Frage ist das Werk von Karl Marx und Friedrich Engels ein Torso geblieben. Mochte *Das Ka-*

*pital* – das ja ebenfalls als Fragment hinterlassen wurde – Grundstrukturen der kapitalistischen Produktionsweise im Allgemeinen aufgedeckt haben, so war die Weiterentwicklung dieser Analyse ebenso abhängig von der folgenden Geschichte des Kapitalismus wie die Ausarbeitung eines Konzeptes zu seiner Überwindung.

> »Die moderne Staatsgewalt ist nur ein Ausschuß, der die gemeinschaftlichen Geschäfte der ganzen Bourgeoisklasse verwaltet.« (MEW 4: 464)

Diese Aussage des *Manifests der Kommunistischen Partei* bezieht sich auch auf die wenigen parlamentarisch regierten Staaten in der Zeit von Marx und Engels. In Großbritannien galt ein Zensuswahlrecht. In seinen *Grundsätzen des Kommunismus* (MEW 4: 361-380), einem Vorentwurf zum *Manifest der Kommunistischen Partei*, führt Engels dazu aus:

> »Welchen Entwicklungsgang wird diese Revolution nehmen?
>
> Antwort: Sie wird vor allen Dingen eine demokratische Staatsverfassung und damit direkt oder indirekt die politische Herrschaft des Proletariats herstellen. Direkt in England, wo die Proletarier schon die Majorität des Volks ausmachen. Indirekt in Frankreich und Deutschland, wo die Majorität des Volkes nicht nur aus Proletariern, sondern auch aus kleinen Bauern und Bürgern besteht, welche eben erst im Übergang ins Proletariat begriffen sind und in allen ihren politischen Interessen mehr und mehr vom Proletariat abhängig werden und sich daher bald den Forderungen des Proletariats fügen müssen. Dies wird vielleicht einen zweiten Kampf kosten, der aber nur mit dem Siege des Proletariats endigen kann.« (MEW 4: 372/373)

In der Revolution in Frankreich 1848/1849 machten Marx und Engels die Erfahrung, dass dieser »zweite Kampf« unter den Bedingungen des allgemeinen Wahlrechts eine Niederlage des Proletariats zur Folge haben könnte. Ein Aufstand wurde in der Junischlacht von Paris 1848 blutig niedergeschlagen, aus Wahlen ging Louis Bonaparte als Präsident hervor, dieser beseitigte die gerade gegründete Republik in einem Staatsstreich und machte sich zum Kaiser. Der »Bonapartismus« war zentrales Thema der Staatsanalyse von Marx und Engels. Unter diesen Begriff fassten sie auch das System Bismarck in Deutschland. Der Staat war für sie vor allem Exekutive. Deren Zweck sei die Niederhaltung des Proletariats, im Bonapartismus ausgeübt nicht durch die Bourgeoisie selbst, sondern unter ihrer weitgehenden Ausschaltung durch Militär und Verwaltung. Ein solcher Apparat sei nicht auf friedlichem Wege zu überwinden.

## 2.4 Theorie der Politik

Neben der Kritik der Politischen Ökonomie enthält das Werk von Marx und Engels auch eine historisch-materialistische Theorie der Politik. Allerdings haben sie – im Unterschied zu Marx' *Kapital* – nie den Versuch ihrer systematischen Darstellung unternommen. Sie findet sich in ihrer Tagespublizistik und in den Programmen, die sie für sozialistische Organisationen entwarfen oder die sie kommentierten, sowie in ihren Bemerkungen zu deren Praxis.

Subjekt revolutionärer Politik ist für sie das Proletariat insofern, als es selbst ein Produkt des Kapitalismus und so in dessen Prozess der Auflösung, deren Bedingungen Marx im *Kapital* aufzuspüren versuchte, einbezogen ist. Dies gilt aber nur für die objektive Stellung dieser Klasse, nicht notwendig für deren subjektives Verhalten. In seiner Schrift *Das Elend der Philosophie* von 1847 (MEW 4: 63-182) beschreibt Marx dies so:

> »Die ökonomischen Verhältnisse haben zuerst die Masse der Bevölkerung in Arbeiter verwandelt. Die Herrschaft des Kapitals hat für diese Masse eine gemeinsame Situation, gemeinsame Interessen geschaffen. So ist diese Masse bereits eine Klasse gegenüber dem Kapital, aber noch nicht für sich selbst. Die Interessen, welche sie verteidigt, werden Klasseninteressen. Aber der Kampf von Klasse gegen Klasse ist ein politischer Kampf.«
> (MEW 4: 180/181)

Hier erscheint die Entwicklung von Klassenhandeln nachgerade automatisch, anders als drei Jahre früher in der Einleitung *Zur Kritik der Hegelschen Rechtsphilosophie:* die Theorie werde »zur materiellen Gewalt, sobald sie die Massen ergreift.« (MEW 1: 385)

Das Verhältnis dieser beiden Momente: Entstehung von Klassenbewusstsein im Prozess kapitalistischer Entwicklung und Einwirkung einer Theorie, die zunächst außerhalb des Proletariats herausgebildet ist, wurde von Marx und Engels nicht abschließend geklärt. Als erste Orte der Organisation galten seit den sechziger Jahren des 19. Jahrhunderts zunehmend die Gewerkschaften, deren Grenzen in Marx' Schrift *Lohn, Preis und Profit* (MEW 16: 101-152) zugleich bestimmt werden:

> »Gewerkschaften tun gute Dienste als Sammelpunkte des Widerstands gegen die Gewalttaten des Kapitals. Sie verfehlen ihren Zweck zum Teil, sobald sie von ihrer Macht einen unsachgemäßen Gebrauch machen. Sie verfehlen ihren Zweck gänzlich, sobald sie sich darauf beschränken, einen Kleinkrieg gegen die Wirkungen des bestehenden Systems zu führen, statt gleichzeitig zu versuchen, es zu ändern, statt ihre organisierten Kräfte zu gebrauchen als Hebel zur schließlichen Befreiung der Arbeiterklasse, d. h. zur endgültigen Abschaffung des Lohnsystems.«
> (A. a. O.: 152)

Den Begriff der Partei verwandten Marx und Engels nicht ausschließlich im Sinn einer Organisation, sondern – dem Sprachgebrauch der Mitte des 19. Jahrhunderts folgend – vor allem als »Parteiung«.

Der »Bund der Kommunisten«, für den sie das *Manifest der Kommunistischen Partei* verfassten, war für die meiste Zeit seiner kurzen Existenz eine Art Geheimorganisation, die von ihnen mit gegründete Internationale Arbeiterassoziation (IAA) ein internationaler Zusammenschluss, dessen einzelne Bestandteile sich sehr voneinander unterschieden. In einer brieflichen Kontroverse mit dem Dichter Ferdinand Freiligrath bezeichnete Marx 1860 die bisherigen revolutionären Organisationen als »nur eine Episode in der Geschichte der Partei, die aus dem Boden der modernen Gesellschaft überall naturwüchsig sich bildet.« (Marx an Freiligrath, 29. Februar 1860. MEW 30: 490) Unter Partei verstehe er »die Partei im großen historischen Sinn.« (A. a. O.: 495) Die vier Jahre nach der Niederschrift dieses Briefes entstandene IAA mag seiner Vorstellung näher gekommen sein als die früheren Gruppen, war aber in der Auffassung von Marx und Engels wahrscheinlich ebenso eine Durchgangsform.

Der Parlamentarismus hatte für sie keine große operative Bedeutung in den Kämpfen der Arbeiterklasse. In seiner Schrift *Der Ursprung der Familie, des Privateigentums und des Staats* von 1884 (MEW 21: 25-173) befand Engels, in der demokratischen Republik übe »der Reichtum seine Macht indirekt, aber umso sichrer aus.« (A. a. O.: 167) Anders als in seinen »Grundsätzen des Kommunismus« von 1847 ergab sich für ihn aus massenhaftem Anwachsen der Arbeiterklasse und allgemeinem Wahlrecht noch keine unmittelbare revolutionäre Perspektive:

> »Solange die unterdrückte Klasse, also in unserm Fall das Proletariat, noch nicht reif ist zu seiner Selbstbefreiung, solange wird sie, der Mehrzahl nach, die bestehende Gesellschaftsordnung als die einzig mögliche erkennen und politisch der Schwanz der Kapitalistenklasse, ihr äußerster linker Flügel sein. In dem Maß aber, worin sie ihrer Selbstemanzipation entgegenreift, in dem Maß konstituiert sie sich als eigne Partei, wählt ihre eignen Vertreter, nicht die der Kapitalisten. Das allgemeine Stimmrecht ist so der Gradmesser der Reife der Arbeiterklasse.« (A. a. O.: 168)

Dies ist eine späte Äußerung, nachdem die Industrielle Revolution abgeschlossen war und die Arbeiterbewegung sich organisatorisch zu festigen begann. In seiner letzten politischen Schrift, *Einleitung zu Karl Marx' ›Klassenkämpfe in Frankreich 1848 bis 1850‹* von 1895 (MEW 22: 509-527) analysierte Friedrich Engels die neue Situation. Er distanzierte sich von der Vorstellung, dass eine Revolution allein durch eine gewaltsame frontale Konfrontation mit den herrschenden Klassen gelingen könne. Im Vergleich zu 1848/50 habe sich »sehr viel verändert, und alles zugunsten des Militärs.« (A. a. O.: 521) Jetzt gelte:

> »Die Zeit der Überrumpelungen, der von kleinen bewussten Minoritäten an der Spitze bewusstloser Massen durchgeführten Revolutionen ist vorbei. Wo es sich um eine vollständige Umgestaltung der gesellschaftlichen Organisation handelt, da müssen die Massen selbst mit dabei sein, selbst schon begriffen haben, worum es sich handelt, für was sie mit Leib und Leben eintreten.« (A. a. O.: 523)

Die Nutzung des allgemeinen Wahlrechts gebe den Arbeiterparteien neue Möglichkeiten: Feststellung des Grades ihrer Massenverankerung, Nutzung der Wahlkämpfe und der Tribüne der Parlamente zur Propagierung ihrer Ziele. (A. a. O.: 519) Im Kampf um »Einzellandtage, Gemeinderäte, Gewerbegerichte« (Ebd.) verankerten sich die Sozialisten in der Gesellschaft und unter den Volksmassen. Da die herrschenden Klassen ihr Vordringen letztlich nicht hinnehmen würden, werde es wahrscheinlich letztlich doch zu Auseinandersetzungen mit ihrer konterrevolutionären Gewalt kommen, bei denen dann die Arbeiterbewegung ebenfalls nicht auf Gewalt verzichten könne. Aber die Erfolgschancen der sozialistischen Revolution seien umso besser, je länger die Arbeiter diesen Zusammenstoß hinausschieben und bis dahin die Bedingungen für ihren Sieg bei dieser nichtfriedlichen Konfrontation verbessern können.

## 3.
## Der Marxismus der Zweiten Internationale

Marx und Engels waren nicht nur Theoretiker, sondern auch operative Politiker und Organisatoren. 1847 formierten sie einen »Bund der Gerechten«, dem sie in diesem Jahr beigetreten waren, in den »Bund der Kommunisten« um, für den sie das *Manifest der Kommunistischen Partei* schrieben. 1852 löste er sich auf. 1864 waren sie an der Gründung der »Internationalen Arbeiterassoziation« (IAA, »Erste Internationale«), deren Inauguraladresse Marx schrieb, führend beteiligt. 1872 spaltete sie sich in einem Konflikt mit dem Anarchisten Michail Bakunin und dessen Anhängern, 1876 hörte sie zu bestehen auf. Ein Zusammenschluss sozialdemokratischer Parteien ab 1889, deren Vertreterinnen und Vertreter sich im Abstand weniger Jahre zu Kongressen trafen, wird als die »Zweite Internationale« verstanden. 1914 zerbrach sie bei Beginn des Ersten Weltkrieges. Die heutige »Sozialistische Internationale« führt sich dennoch auf sie zurück.

In der Zeit der Zweiten Internationale vollzog der Kapitalismus in Kontinentaleuropa und den USA einen Wandel: von der ungeregelten Konkurrenz zur Bildung von Kartellen und Monopolen unter wachsender Einbeziehung des Staates. Die Arbeiterbewegung betätigte sich nun in zunehmend parlamentarisch orientierten Parteien, Gewerkschaften, Genossenschaften und kulturellen Einrichtungen. In den am höchsten entwickelten kapitalistischen Ländern hob sich die Lage der Proletariats: teilweise steigende Reallöhne, Verkürzung der Arbeitszeit und Sozialversicherung.

Eduard Bernstein (1850–1932) versuchte Schlussfolgerungen aus der inzwischen veränderten Lage zu ziehen. In seiner Schrift *Die Voraussetzungen des Sozialismus und die Aufgaben der Sozialdemokratie* (Bernstein, Eduard 1977) von 1899 unterzog er zentrale Aussagen des Historischen Materialismus einer prinzipiellen Kritik. Der Kapitalismus sei so flexibel, dass er auch für Reformbestrebungen der Arbeiterbewegung Raum biete. Insofern gebe es kein alternativloses Endziel, das in seiner Überwindung bestehe, sondern nur Interessenvertretung in seinem Rahmen. Bernsteins Thesen wurden von anderen Intellektuellen der deutschen Sozialdemokratie – Karl Kautsky (1854–1938), Rosa Luxemburg (1871–1919) und dem führenden Politiker der Partei, August Bebel (1840–1913) – sowie auch durch Parteitagsbeschlüsse abgelehnt. Im praktischen Verhalten – in Gewerkschaften, Genossenschaften und Gemeinden – aber hatte die Arbeiterpartei keine andere Strategie als den Kampf um Verbesserung der Lebensbedingungen innerhalb eines Kapitalismus, der unverkennbar in eine Phase der Festigung eingetreten war. Der Historische Materialismus in der an revolutionären Perspektiven orientierten Version von Marx und Engels wurde zwar rezipiert, blieb aber ohne erkennbaren Zusammenhang mit dieser Tagespolitik. In dem

Vierteljahrhundert nach Marx' Tod wurde seine Theorie auf immer weitere Gebiete der Gesellschaftserklärung ausgedehnt, meist in popularisierender Absicht. Hier wirkten neben Karl Kautsky u. a. Antonio Labriola (1843–1904), Franz Mehring (1846–1919), Paul Lafargue (1842–1911) und Georgij Plechanow (1856–1918), aber auch der nicht nur als praktischer Politiker bedeutende August Bebel (1840–1913) mit seinem viel gelesenen Buch *Die Frau und der Sozialismus*. Stilgebend für diese thematische Ausdehnung und die Popularisierung war Friedrich Engels vorangegangen, so durch seine anthropologischen Veröffentlichungen, seine Reflexionen zur »Dialektik« der Natur[2] und durch seine Zusammenfassung der historisch-materialistischen Lehre in seiner umfangreichen Polemik *Herrn Eugen Dührings Umwälzung der Wissenschaft*.

Unmittelbar vor dem Ersten Weltkrieg legten Rudolf Hilferding (1877–1941) und Rosa Luxemburg Weiterentwicklungen der ökonomischen Theorie unter unmittelbarer Anknüpfung an das Marxsche Werk vor.

In seinem Werk *Das Finanzkapital* (1910) bezog sich Hilferding auf die Ausführungen zum »fiktiven Kapital« im dritten Band des *Kapital* (MEW 25: 482-487). Dort ist Folgendes dargelegt: Wird ein Einkommen – sei es aus Arbeit, sei es aus Gewinnen – als Zins betrachtet, dann schwankt der Betrag, auf den es bezogen ist, mit dem Zinssatz, obwohl es in der Realität gleich bleibt oder gar nicht vorhanden ist. Beträgt der Zinsfuß z. B. 10 % und wird aus einem Vermögen bezogen, das 100 Pfund Sterling abwirft, dann repräsentie-

2 Die Ausweitung des zunächst bei Hegel fast ausschließlich geistesgeschichtlich verwandten, von Marx auf Gesellschaft bezogenen Begriffs der Dialektik auf die Natur war Ausgangspunkt für den im 20. Jahrhundert schließlich inflationär gebrauchten Terminus »Dialektischer Materialismus«.

ren 10 Pfund Sterling ein Kapital von 100 Pfund Sterling. Sinkt er auf 5 %, die Auszahlung (10 Pfund Sterling) bleibt aber gleich, dann beträgt die so genannte »Kapitalisierung« 200 Pfund Sterling, obwohl das Vermögen, auf welches er bezogen ist, sich in Wirklichkeit nicht geändert hat. Bei einem Steigen des Zinssatzes auf 20 % schrumpft es auf 50 Pfund Sterling. Die »Kapitalisierung« eines Arbeitslohns, der als Zins verstanden würde, ergäbe rein rechnerisch ein Kapital, das nicht existiert, also vollends fiktiv ist.

Zu diesem Komplex sollen folgende Zitate aus dem dritten Band des *Kapital* herangezogen werden:

1.) Zum Begriff der Kapitalisierung und des fiktiven Kapitals:

> »Die Bildung des fiktiven Kapitals nennt man kapitalisieren. Man kapitalisiert jede regelmäßig sich wiederholende Einnahme, indem man sie nach dem Durchschnittszinsfuß berechnet, als Ertrag, den ein Kapital, zu diesem Zinsfuß ausgeliehen, abwerfen würde; z. B. wenn die jährliche Einnahme = 100 Pfd. St. und der Zinsfuß = 5 %, so wären die 100 Pfd. St. der jährliche Zins von 2.000 Pfd. St., und diese 2.000 Pfd. St. gelten nun als der Kapitalwert des juristischen Eigentumstitels auf die 100 Pfd. St. jährlich. Für den, der diesen Eigentumstitel kauft, stellen die 100 Pfd. St. jährliche Einnahme dann in der Tat die Verzinsung seines angelegten Kapitals zu 5 % vor. Aller Zusammenhang mit dem wirklichen Verwertungsprozeß des Kapitals geht so bis auf die letzte Spur verloren, und die Vorstellung vom Kapital als einem sich durch sich selbst verwertenden Automaten befestigt sich.« (MEW 25: 484)

2.) Zur Veränderung des Werts des fiktiven Kapitals bei steigendem Gewinn, aber gleich bleibendem Zinssatz:

> »Ist der Nominalwert einer Aktie, d. h. die eingeschoßne Summe, die die Aktie ursprünglich repräsentiert, 100 Pfd. St. und wirft das Unternehmen statt 5 % 10 % ab, so steigt ihr Marktwert bei sonst gleich bleibenden Umständen und bei einem

Zinsfuß von 5% auf 200 Pfd. St., denn zu 5% kapitalisiert, stellt sie jetzt ein fiktives Kapital von 200 Pfd. St. vor. Wer sie zu 200 Pfd. St. kauft, erhält 5% Revenue von dieser Kapitalanlage.« (MEW 25: 485)

3.) Zur Fiktion einer Kapitalisierung des Lohns:

»Ist z. B. der Arbeitslohn eines Jahrs = 50 Pfd. St. und steht der Zinsfuß auf 5%, so gilt die jährliche Arbeitskraft als gleich einem Kapital von 1.000 Pfd. St. Die Verrücktheit der kapitalistischen Vorstellungsweise erreicht hier ihre Spitze, indem statt die Verwertung des Kapitals aus der Exploitation der Arbeitskraft zu erklären, umgekehrt die Produktivität der Arbeitskraft daraus erklärt wird, dass Arbeitskraft selbst dies mystische Ding, zinstragendes Kapital ist.« (MEW 25: 483)

Rudolf Hilferding knüpft nicht nur an Marx' Begriff des fiktiven Kapitals an, sondern auch an dessen Beobachtung einer »Zunahme des Aktienkapitals« (MEW 25: 250), die in den Jahrzehnten seit dessen Tod zu einer dominanten Tendenz der kapitalistischen Entwicklung geworden sei. Damit erhielt das fiktive Kapital eine neue Dimension. Hilferding demonstrierte dies an folgendem Rechenbeispiel:

»Nehmen wir ein industrielles Unternehmen mit einer Million Mark Kapital. Der Durchschnittsprofit sei 15 Prozent, der herrschende Zinsfuß 5 Prozent. Das Unternehmen wirft einen Profit von 150.000 Mk. ab. Die Summe von 150.000 Mk. wird aber als jährliche Revenue zu 5 Prozent kapitalisiert einen Preis von 3.000.000 Mk. haben. Zu 5 Prozent würde allerdings das Geldkapital nur fest verzinsliche sichere Papiere übernehmen wollen. Aber setzen wir eine hohe Risikoprämie ein, sage von 2 Prozent, berücksichtigen wir weiter die Verwaltungskosten, Tantiemen etc., die aus dem Profit des Unternehmens bestritten werden müssen und dem Privatbetrieb im Gegensatz zur Aktiengesellschaft erspart blieben, und setzen wir dafür eine Verringerung des verfügbaren Profits um 20.000 Mk., so werden 130.000 Mk.

> verteilt werden können, die den Aktionären eine Verzinsung von 7 Prozent bieten sollen. Es ist dann der Preis der Aktien gleich 1.857.143, sage rund 1.900.000 Mk. Um den Profit von 150.000 zu erzeugen, ist aber nur ein Kapital von 1 Million Mark nötig, 900.000 Mk. sind frei; diese 900.000 Mk. entspringen der Verwandlung des profittragenden Kapitals in zinstragendes (Dividende tragendes) Kapital. Sie sind, wenn wir von den höheren aus der Form der Aktiengesellschaft entspringenden Verwaltungskosten, die den Profit vermindern, absehen, gleich der Differenz zwischen dem zu 15 Prozent und dem zu 7 Prozent kapitalisierten Betrag, also zwischen dem Kapital, das die Durchschnittsprofitrate, und dem, das den Durchschnittszins abwirft. Es ist diese Differenz, die als ›Gründergewinn‹ erscheint, eine Quelle des Gewinns, die nur der Verwandlung des profittragenden in die Form des zinstragenden Kapitals entspringt.« (Hilferding, Rudolf 1968: 142)

Konnte dieses Ergebnis noch aus dem dritten Band von Marx' Hauptwerk gefolgert werden, so ging Hilferding insofern darüber hinaus, als er eine neuere Entwicklung aufnahm: die Monopolisierung nicht nur des Industrie-, sondern auch des Bankkapitals, aus deren gegenseitiger Durchdringung sich eine neue Kapitalform ergebe:

> »Ich nenne das Bankkapital, also Kapital in Geldform, das auf diese Weise in Wirklichkeit in industrielles Kapital verwandelt ist, das Finanzkapital. Den Eigentümern gegenüber behält es stets Geldform, ist von ihnen in Form von Geldkapital, zinstragendem Kapital, angelegt und kann von ihnen stets in Geldform zurückgezogen werden. In Wirklichkeit aber ist der größte Teil des so bei den Banken angelegten Kapitals in industrielles, produktives Kapital (Produktionsmittel und Arbeitskraft) verwandelt und im Produktionsprozeß fixiert. Ein immer größerer Teil des in der Industrie verwendeten Kapitals ist Finanzkapital, Kapital in der Verfügung der Banken und in der Verwendung der Industriellen.« (A. a. O.: 309.)

Als Ergebnis der Zentralisation des Kapitals in der Finanz-

und in der Produktionssphäre bilde sich ein »Generalkartell« heraus. (A. a. O.: 322) Es entstehe die Gefahr eines internationalen Zusammenstoßes der am höchsten entwickelten kapitalistischen Länder, aber auch die Möglichkeit des Übergangs in eine andere Gesellschaft:

> »Das Finanzkapital in seiner Vollendung bedeutet die höchste Stufe ökonomischer und politischer Machtvollkommenheit in der Hand der Kapitaloligarchie. Es vollendet die Diktatur der Kapitalmagnaten. Zugleich macht es die Diktatur der nationalen Kapitalbeherrscher des einen Landes immer unvereinbarer mit den Interessen der durch das Finanzkapital ausgebeuteten, aber auch zum Kampf aufgerufenen Volksmassen. In dem gewaltigen Zusammenprall der feindlichen Interessen schlägt schließlich die Diktatur der Kapitalmagnaten um in die Diktatur des Proletariats.« (A. a. O.: 507)

Knüpfte Rudolf Hilferding an den dritten Band des Marxschen *Kapital* an, so Rosa Luxemburg (1913) in ihrem Werk *Die Akkumulation des Kapitals* (RLW 5: 5-411) an die so genannten »Reproduktionsschemata« des zweiten Bandes (MEW 24: 391-518). Dort waren zwei Abteilungen der kapitalistischen Produktion dargelegt worden: die Herstellung von Produktionsmitteln (Abteilung I) und von Konsumgütern (Abteilung II). In einer Falls-Dann-Bestimmung nahm Marx an, dass die Reproduktion gewährleistet sei, wenn jede Abteilung ihre Erzeugnisse an die andere restlos verkaufen könne. Rosa Luxemburg kritisierte, dass er zu wenige Variablen verwandt habe. Erweitere man seine Voraussetzungen, dann zeige sich, dass die Abteilungen I und II sich nicht vollständig austauschen. Vielmehr entstehe Überproduktion, die nur durch ständige Eroberung nichtkapitalistischer Gebiete behoben werden kann: im Imperialismus. Dieser sei charakterisiert durch Waren- und Kapitalexport sowie die politischmilitärische Beherrschung der von den hoch entwickelten kapitalistischen Gesellschaften abhängigen Regionen. Sind diese alle erschlossen, dann ist der Kapitalismus an seiner äußersten denkbaren Grenze angelangt und bricht zusammen.

Mit dem Imperialismusproblem reichte das Denken Rosa Luxemburgs über den Rahmen hinaus, der zunächst in der relativen Ruhelage der Periode nach dem Abschluss der Ersten Revolution gezogen schien. Dies gilt schon für Rudolf Hilferding, vor allem aber auch für mehrere Theoretiker, die sich mit ihren Auffassungen teils kritisch, teils weiterführend auseinandersetzten.

Der österreichische Marxist Otto Bauer (1881–1938) erweiterte in seinem Aufsatz *Die Akkumulation des Kapitals* Marx' Zahlen durch zusätzliche Variablen und kam zu dem Ergebnis, dass ein zeitlich unbegrenzter Austausch zwischen den Abteilungen I und II möglich sei. Die Anpassungsprozesse, in denen der Kapitalismus seine Ressourcen immer neu umgruppieren müsse, führten allerdings zur Empörung wachsender Menschenmassen gegen ihn, wodurch sein Ende herbeigeführt werde. (BW 7: 1015-1040) Damit entfiel das von Luxemburg herausgearbeitete Moment der Zwangsläufigkeit.

Nikolai Bucharin (1888–1938) ersetzte in den Reproduktionsschemata die bislang benutzten absoluten Zahlen durch algebraische Zeichen und symbolisierte durch sie die grenzenlose Austauschfähigkeit der Abteilungen I und II. Der Imperialismus resultierte für ihn nicht aus der Produktion eines unabsetzbaren Überschusses in einem geschlossenen kapitalistischen System, sondern aus der Jagd nach Extraprofit. Diese führe zum Krieg, der die Massen zur Revolution treibe. (Bucharin, Nikolai I. 1925/1926)

1929 übernahm Henryk Grossmann (1881–1950) die Marxschen Reproduktionsschemata in ihrer Variation von

Otto Bauer, kam aber, anders als dieser, zu dem Ergebnis, dass nach einer längeren Reihe von Kapitalumschlägen ein Mangel an Mehrwert entstehe, durch den der Kapitalismus zusammenbrechen müsse. (Grossmann, Henryk 1929)

Im 21. Jahrhundert werden die in Rosa Luxemburgs Buch *Die Akkumulation des Kapitals* angestellten Rechenoperationen zu den Reproduktionsschemata im Einzelnen weniger interessieren als die in ihm enthaltene Theorie der permanenten Überakkumulation. Sie ist zwar schon bei Marx angelegt, er beschränkte sich aber auf die zyklischen Wirtschaftskrisen. Bei Luxemburg hingegen ist Überakkumulation auf Dauer gestellt und innerkapitalistisch nicht zu beseitigen.

Die gesamte Geschichte des 20. Jahrhunderts und auch die Finanz- und Wirtschaftskrisen seit 2007 erscheinen wie ein Beleg dieser Behauptung. Wer sie historisch nachzeichnet, findet alles, was bei Luxemburg dargelegt ist: Waren- und Kapitalexport, Kriege, Imperialismus. Dass Kapitalmassen, die nicht mehr in der Produktion investiert werden, eine virtuelle Welt generieren und dort zeitweilige Entlastung mit anschließendem Crash hervorrufen würden – die Herrschaft der Finanzmärkte –, mag zwar ihre Phantasie überstiegen haben, ist aber ebenfalls mit ihrer Theorie erklärbar. Ihre Ausführungen zu den Anleihen bieten hier einen Anknüpfungspunkt. Marx spricht im *Kapital* in diesem Zusammenhang vom »Schwindel«, stellte diesen allerdings nicht ins Zentrum seiner Überlegungen, denn: Aktien- und Finanzspekulation ist bei ihm niemals eine Ursache, sondern immer eine Folge, nämlich eben der Überakkumulation des Kapitals.

Tatsächlich beziehen die perspektivreichsten Teile des ökonomischen Hauptwerks von Rosa Luxemburg ihre Stärke nicht aus der Auseinandersetzung mit den Reproduktionsschemata im zweiten Band des Marxschen *Kapital*, sondern aus dem 24. Kapitel des ersten (MEW 23: 741-791): hier wurde die so genannte Ursprüngliche Akkumulation behandelt. Diese ist für Rosa Luxemburg nicht ein einmaliges historisches Ereignis, sondern eine Struktureigenschaft des Kapitalismus. Ist sie, solange diese Produktionsweise besteht, eine Voraussetzung für seine Fortdauer? Die von Rosa Luxemburg nicht beachtete neoklassische Wirtschaftstheorie, die sich in der zweiten Hälfte des 19. Jahrhunderts von der Arbeitswertlehre abwandte und den Preis der Waren nur noch durch das Verhältnis von Angebot und Nachfrage bestimmte (Grenznutzenschule), hat nach Luxemburgs Tod eine Dissidenz hervorgebracht, die die Unausweichlichkeit der Überakkumulation – bei gleichzeitiger expliziter Kritik an der Laisser-faire-Orthodoxie – bestritt: den Keynesianismus. Abschöpfen von Liquidität durch Besteuerung, Umlenkung freier Mittel in den Staatshaushalt, Stärkung der Massenkaufkraft durch Umverteilung von oben nach unten, öffentliche Investitionen: vielleicht hätte Rosa Luxemburg dies als untaugliche Mittel abgetan. Tatsächlich hat die eine Dissidenz – der Keynesianismus – eine zweite hervorgebracht: die post- oder linkskeynesianische Abweichung, die sich teilweise auf Luxemburg berief. Für Joan Robinson (1903–1983) und Michał Kalecki (1899–1970) war der Kapitalismus prinzipiell im Ungleichgewicht. Kalecki wies darauf hin, dass die Unternehmer sich im Endeffekt nicht politisch lenken lassen und sich deshalb immer wieder gesamtgesellschaftlich sinnvollen Auflagen zumindest dann zu entwinden versuchen, wenn diese ihre Profite schmälern. (Ein weiterer Grund kann ihr prinzipielles Beharren auf der Autonomie des Kapitals sein.) Joan Robinson (1903–1983) bezeichnete die so genannte »neoklassische Synthese« – die Keynes mit der Neoklassik zu vereinbaren suchte – als

»Bastard-Keynesianismus«. Sie und Kałecki – obwohl beide keine Marxisten – bezogen sich positiv, wenngleich auch kritisch, auf Rosa Luxemburgs *Die Akkumulation des Kapitals*.

Mit Rosa Luxemburg ist folgende Frage erstmals explizit gestellt: Kann für den akkumulierten Mehrwert im Kapitalismus ausreichende Nachfrage ohne internationale Expansion und ohne militärische Destruktion geschaffen werden? Die Antwort von Rosa Luxemburg ist eindeutig: nein. Historisch hat sie bis heute Recht behalten. Aber auch logisch, also für alle Zukunft? Hier empfiehlt es sich, nicht von Zwangsläufigkeit, sondern von einer sehr hohen Wahrscheinlichkeit zu sprechen.

Rosa Luxemburgs Beitrag zur Theorie der Politik scheint in einem Gegensatz zu ihren Arbeitsergebnissen als Ökonomin zu stehen. Das täuscht. Richtig ist, dass sie die Notwendigkeit der durch Organisationsregeln ungehinderten Massenaktion betonte. Soweit dies als Spontaneität aufgefasst wird, entsteht der Eindruck eines Widerspruchs zur gesetzmäßig verlaufenden Akkumulation, die sich auf den logischen Moment eines Zusammenbruchs hinbewege. In Wirklichkeit bestand bei Luxemburg eine Verbindung zwischen Ökonomie und revolutionärer Massenaktion, nämlich durch das Proletariat. Dieses wird durch den Kapitalismus selbst hervorgebracht, ist dem Rhythmus von dessen Akkumulation unterworfen und sei in seinem eigenen Interesse zum gewerkschaftlichen und politischen Handeln veranlasst. Revolution ist bei Rosa Luxemburg nicht die Folge eines Zusammenbruchs des Kapitalismus. Sie wird durch dessen Perspektive gleichsam logisch legitimiert, kann aber lange vorher ausbrechen, wenn nämlich die Massen die Fähigkeit entwickelt haben, eine Situation zu nutzen, die insofern historisch reif ist, als

1. eine Fortdauer dieser Produktionsweise die Arbeits- und Lebensverhältnisse einerseits katastrophal belasten würde,
2. anderseits der Kapitalismus die Voraussetzungen einer neuen Gesellschaft geschaffen hat und
3. die Menschen schon die Fähigkeit zur Gestaltung dieser neuen Ordnung besitzen. Voraussetzung dieser Qualifikation ist die ungehinderte Selbstorganisation.

## 4. Lenin

Definieren wir Marxismus in seiner entfalteten Form als Analyse der kapitalistischen Ökonomie und Klassenverhältnisse, als Theorie der Politik und als die Umsetzung beider in revolutionäre Praxis, dann realisierte Wladimir Iljitsch Uljanow gen. Lenin (1870–1924) diese Kombination in sehr ausgeprägter Art und Weise, wobei der revolutionären Praxis der Primat zukam. Ihre Imperative bestimmten Schwerpunkte und Ausmaß seiner theoretischen Anstrengungen, die in einer gegebenen Situation – Einfluss idealistischer Philosophie in der marxistischen Intelligenz nach der Niederlage der Ersten Russischen Revolution von1905/6 – auch einmal auf das Gebiet der Erkenntnistheorie ausgedehnt werden konnten: in seinem Buch *Materialismus und Empiriokritizismus* von 1909. Ein Schwerpunkt seiner Theorie der Politik war die Arbeit am für ihn – anders als bei Marx und Engels – zentralen Instrument der Vorbereitung und Leitung der Revolution: der Partei als Organisation, in der Theorie und Aktion sich verbanden. Die Konzeption, von der sie bestimmt war, und ihre Struktur seien klar gegen andere Vorstellungen und Praktiken abzusetzen. Die Polemik gegen diese bestimmt noch mehr als bei den Begründern des Historischen Materialismus den Charakter der Leninschen Schriften. Sie entstanden jeweils aus einem konkreten politischen Anlass, häufig zwecks Auseinandersetzung mit von ihm für unrichtig gehaltenen Ansichten in der sozialistischen Bewegung oder zur Klärung anstehender praktischer Fragen.

Dies gilt auch für sein frühes ökonomisches Werk *Die Entwicklung des Kapitalismus in Russland* von 1899. (LW 3) Sein unmittelbarer Anlass war eine Kontroverse innerhalb der revolutionären Bewegung des Zarenreiches. Die so genannten Volkstümler vertraten die Ansicht, dass der Kapitalismus in Russland keine die gesamte Gesellschaft erfassende Akkumulations-Chance habe. Zur Widerlegung bediente sich Lenin der Reproduktionsschemata im zweiten Band des Marxschen *Kapital* und des ihm zur Verfügung stehenden sozialstatistischen Materials. Er kam zu dem Ergebnis, dass Russland schon ein – wenngleich hinter dem entwickelten Westen zurückgebliebenes – kapitalistisches Land sei. Zu dessen Besonderheiten gehörte die Illegalität der sozialistischen Bewegung, die ihre Struktur diesen Bedingungen anpassen müsse. Diese Aufgabe sah er von der deutschen Sozialdemokratie unter dem Sozialistengesetz (1878–1890) gelöst – nicht nur als angemessene Reaktion auf deren Verbot, sondern auch, grundsätzlicher, für das Verhältnis von Partei und Arbeiterklasse. Letztere könne spontan lediglich ein »ökonomistisches« oder »trade-unionistisches« Lagebewusstsein entwickeln. Revolutionäres Klassenbewusstsein dagegen müsse von außen in sie hineingetragen werden – durch die Partei, der zumindest unter den Bedingungen der Illegalität nur – wenngleich massenverbundene – Berufsrevolutionäre angehören könnten. Über diese von Lenin in seiner Schrift *Was tun?* (LW 5: 355-549) 1902 formulierte Position spaltete sich 1903 die Sozialdemokratische Partei Russlands in die von ihm geführten Bolschewiki und die eine weitere Parteiauffassung vertretenden Menschewiki. In ihrer Schrift *Organisationsfragen der russischen Sozialdemokratie* (RLW 1,2: 422-446) kritisierte Rosa Luxemburg die Parteiauffassung Lenins, da sie hier die Gefahr sah, dass Lernprozess und Eigentätigkeit des Proletariats eingeschränkt, ja ersetzt werden könnten. Die ihr zugeschriebene Lehre von der »Spontaneität« ist die Anwendung ihrer Auffassung von der Akkumulation des Kapitals und deren Konsequenzen für die materielle Lage und die sich daraus ergebenden Reaktionen des Proletariats.

Die Unterstützung der jeweiligen Regierungen im Ersten Weltkrieg durch die meisten Parteien der Zweiten Internationale war für Lenin Anlass, die gesellschaftlichen Voraussetzungen dieses Verhaltens zu untersuchen. Diese Arbeit unternahm er in seiner Schrift *Der Imperialismus als höchstes Stadium des Kapitalismus – Gemeinverständlicher Abriss* von 1917. (LW 22: 189-309) Hier stützte er sich auf Hilferdings *Finanzkapital* und auf die Schrift *Der Imperialismus* von John A. Hobson von 1902 (Hobson, John A. 1968). Mit Rosa Luxemburg stimmte er in der Analyse von Waren- und Kapitalexport überein, von Hilferding übernahm er die Monopoltheorie. Koloniale und monopolistische Extraprofite ermöglichten seiner Auffassung nach in den führenden (imperialistischen) Industrieländern die Besserstellung einer »Arbeiteraristokratie« (u.a. Facharbeiter). Zusammen mit der Bürokratie in Partei und Gewerkschaften sowie dem Einfluss von »Kleinbürgern«, die verantwortliche Positionen in der Arbeiterbewegung einnähmen, sei sie die personelle Basis für eine Politik des Klassenkompromisses letztlich im Interesse der Bourgeoisie und der Identifikation mit den Weltmarktinteressen ihres jeweiligen nationalen Kapitalismus. Die Konflikte zwischen den Kapitalistenklassen der einzelnen Länder um Märkte, Einflussgebiete und Kolonien seien die Ursache für den Ersten Weltkrieg, der für die Volksmassen Anlass zur revolutionären Erhebung sei. Die monopolistische interne Vergesellschaftung des Kapitalismus bilde die ökonomische Voraussetzung für den Übergang zum Sozialismus.

Implizit sieht Lenin hier die von Marx 1859 formulierte Bedingung für eine neue Gesellschaftsordnung als erfüllt an: dass nämlich »die materiellen Existenzbedingungen derselben im Schoß der alten Gesellschaft selbst ausgebrütet worden« und »die materiellen Bedingungen« für die Lösung der nun zu stellenden Aufgaben »schon vorhanden oder wenigstens im Prozeß ihres Werdens begriffen« seien. (MEW 13: 9; s. o.) Zugleich sei das Monopol zur Grenze für die Weiterentwicklung der Produktivkräfte geworden: es erzeuge

> »unvermeidlich die Tendenz zur Stagnation und Fäulnis. In dem Maße, wie Monopolpreise, sei es auch nur vorübergehend, eingeführt werden, verschwindet bis zu einem gewissen Grade der Antrieb zum technischen und folglich auch zu jedem anderen Fortschritt, zur Vorwärtsbewegung; und insofern entsteht die *ökonomische* Möglichkeit, den technischen Fortschritt künstlich aufzuhalten.«

Allerdings könne

> »das Monopol unter dem Kapitalismus die Konkurrenz auf dem Weltmarkt niemals restlos und auf sehr lange Zeit ausschalten«.

Daraus folgen zwei Tendenzen:

> »Die Möglichkeit, durch technische Verbesserungen die Produktionskosten herabzumindern und die Profite zu erhöhen, begünstigt natürlich Neuerungen. Aber die *Tendenz* zur Stagnation und Fäulnis, die dem Monopol eigen ist, wirkt nach wie vor und gewinnt in einzelnen Industriezweigen, in einzelnen Ländern für gewisse Zeitspannen die Oberhand.« (LW 22: 281. Hervorhebung: Lenin)

Diese Äußerungen Lenins weisen ein hohes Maß an Flexibilität auf: »Stagnation und Fäulnis« sind keineswegs zwangsläufig, insofern gibt es keine absolute Systemgrenze. Andererseits war Lenin offenbar der Ansicht, dass in den am höchsten entwickelten kapitalistischen Ländern die technischen und ökonomischen Voraussetzungen für eine neue Gesellschaft herangereift seien – als notwendige, aber keinesfalls hinreichende Bedingung. Eine weitere Voraussetzung war Existenz und Erfolg der organisierten revolutionären Bewegung.

Mit dem Ausbruch der Februarrevolution im Zarenreich 1917 und dem daraus entstehenden Machtvakuum ergab sich die Möglichkeit der Machteroberung durch eine sozialistische Partei in einem industriell noch wenig entwickelten Land. Für Lenin war dies 1917 Anlass, die Bedeutung des Staates in einer solchen Situation zu erörtern. Ergebnis war seine 1918 veröffentlichte Schrift *Staat und Revolution. Die Lehre des Marxismus vom Staat und die Aufgaben des Proletariats in der Revolution.* (LW 25: 393-507) Er griff auf alle Ausführungen von Marx und Engels zu diesem Thema zurück, einschließlich ihrer Beurteilung der Pariser Kommune, und sah in letzterer sowie in den Räten (Sowjets), die in der Russischen Revolution von 1905/06 entstanden waren, schon eine erste praktische Antwort auf die Frage nach Form und Funktion der Öffentlichen Gewalt in einer Umwälzung: Eroberung des Staates, Nutzung desselben zu Niederhaltung der gestürzten Kapitalistenklasse und zu deren Enteignung. Da hier erstmals die Mehrheit der Bevölkerung über eine Minderheit herrsche, sei die Repression bereits jetzt schon geringer als in allen vorangegangen Staaten. Dennoch sei dies Diktatur des Proletariats: ein Staat, der – ebenso wie einst die Kommune – kein Staat im bisherigen Sinne mehr sei. In seiner bisherigen Form sei er zerschlagen, die Reste stürben in dem Maße ab, in dem sie überflüssig geworden seien. Danach erreiche die Öffentliche Gewalt ein Stadium sogar jenseits der Demokratie, die ja immer noch Herrschaft sei. Operativ hatten diese Ausführungen 1917 die Funktion, die Übertragung der Macht von der Provisorischen Regierung Russlands auf die Räte vorzubereiten und zu legitimieren.

Nach der Oktoberrevolution blieb Sowjetrussland (ab 1922: Union der Sozialistischen Sowjetrepubliken, UdSSR) durch das Ausbleiben der Umwälzung im Westen isoliert. Lenin ging zunächst vom Fortbestehen einer revolutionären Situation dort aus. Für ihre Nutzung waren die traditionellen Sozialdemokratien und die Zweite Internationale, die im August 1914 faktisch zu bestehen aufgehört hatte, nicht nur ungeeignet, sie standen ihr seiner Auffassung nach konterrevolutionär entgegen. Lenin forderte die Trennung von ihnen und die Bildung revolutionärer kommunistischer Parteien sowie deren Zusammenschluss in einer neuen, der Dritten oder Kommunistischen Internationale. 1920 realisierte er, dass die politische Offensive im Westen ins Stocken geraten war. Der Versuch, sie trotz entgegenstehender Tatsachen fortzusetzen, war Voluntarismus, den Lenin in seiner Schrift *Der ›linke Radikalismus‹, die Kinderkrankheit im Kommunismus* (1920) kritisierte. (LW 31: 1-106) Hier nahm er eine ähnliche Position ein wie Marx und Engels nach 1848 gegenüber denjenigen Mitgliedern des Bundes der Kommunisten, die nicht bereit gewesen waren, das zwischenzeitliche Ende der Revolution zur Kenntnis zu nehmen, und Engels in seiner *Einleitung zu Karl Marx' ›Klassenkämpfe in Frankreich 1848 bis 1850‹* von 1895: Absage an Versuche eines unmittelbaren Umsturzes in einer vorerst nicht revolutionären Situation. Dabei ging er davon aus, dass es sich nur um eine Zwischenphase handele. Unbeantwortet – da von ihm nicht gestellt – blieb die Frage nach der Perspektive einer kommunistischen Partei, falls der Kapitalismus sich auf lange Sicht als gefestigt erweisen sollte.

In Russland ergab sich eine analoge Problematik nach dem Ausbleiben der proletarischen Revolution im Westen. Schon 1917 hatte Lenin nicht den Aufbau des *Sozialismus* auf dem Territorium des ehemaligen Zarenreichs für möglich gehalten, sondern nur seiner *Grundlagen*, worunter auch die technischen und ökonomischen Voraussetzungen zu verstehen waren, die in den kapitalistischen Ländern schon lange bestanden. Zu den letzten theoretischen und politischen Leistungen Lenins gehörte ab 1921 das Konzept der »Neuen Ökonomischen Politik« (NÖP/NEP), in der unter der Leitung und Kontrolle des weiter bestehenden – nun sozialistischen – Staates in Landwirtschaft und Industrie in begrenztem Maße Privatwirtschaft möglich sein sollte, allerdings als Vorstufe zu einem in absehbarer Zeit in Angriff zu nehmendem Übergang in den Sozialismus.

## 5.
## Theorie der Politik nach Lenin

Fünf Jahre vor Lenins Tod wurde Rosa Luxemburg ermordet. Dennoch lesen sich einige ihrer Stellungnahmen wie Kommentare ex post zu einigen seiner Positionen. Dies gilt nicht nur für ihre Kritik an seiner Parteikonzeption, sondern auch für ihre 1918 verfasste, aber erst 1922 veröffentlichte Schrift *Zur Russischen Revolution.* (RLS 4: 332-365). Ihre dort niedergelegte Kritik an der Auflösung der Konstituante (1918) durch die Bolschewiki und der Einschränkung der Freiheit der Meinungsäußerung entsprach ihrer Auffassung von der Notwendigkeit ungehinderter Lern-, Erfahrungs- und Erkenntnisprozesse der proletarischen Massen. Deren Suchbewegungen seien nicht durch die Voraussicht von Apparaten zu substituieren. Die russischen Bolschewiki verglich sie mit den Diggers und Levellers der Englischen und mit den Jakobinern der Französischen Revolution: sie mussten notwendig scheitern. Dieses historische Urteil, verbunden mit einer aktuellen Prognose Rosa Luxemburgs, ergab sich aus Konsequenzen, die sie aus ihrer Analyse des kapitalistischen Akkumulationsprozesses zog: Dieser kam nach dem 17. Jahrhundert auf eigener Grundlage erst in Gang und wurde auch nach dem Ersten Weltkrieg nicht gestoppt. Die Russische Revolution hat ihn international nicht beendet, kämpfte also noch unter letztlich übermächtigen kapitalistischen Bedingungen. Hier schließe Einschränkung der Masseninitiative die langfristige Chance der revolutionären Selbstbehauptung aus.

Bis 1956 (in der Volksrepublik China noch darüber hinaus) galt Josef Wissarionowitsch Dschugaschwili gen. Stalin (1879–1953) im sowjetischen Machtbereich, aber auch bei den meisten kommunistischen Parteien der kapitalistischen Welt als »marxistischer Klassiker«. Diese Kanonisierung entsprach zwar nicht seiner eigenen theoretischen Leistung, dennoch hat er mit einer Entscheidung bei seinen Anhängern für die Theorie der Politik eine Wendung von langer Wirkung erzielt. Gemeint ist seine Mitte der zwanziger Jahre verkündete Behauptung von der Möglichkeit des Aufbaus des Sozialismus in zunächst nur einem einzigen Land. Sie war die Reaktion auf das Ausbleiben der Revolution im Westen und die Abschneidung Sowjetrusslands von den Ressourcen der entwickelten Industrieländer. Machtverzicht der Bolschewiki barg die Gefahr einer Konterrevolution in sich, die alle Entwicklungsmöglichkeiten Russlands für unabsehbare Zeit abschnitt. Revolutionsexport als Entlastungsangriff widersprach den Vorstellungen des Historischen Materialismus, der von der Notwendigkeit eines reifen innerkapitalistischen Konflikts als Voraussetzung für eine Umwälzung ausging. Lenin hatte in seinem Konzept der »Neuen Ökonomischen Politik« als Ausweg eine Art Politik der »Atempause« gesehen. Die Revolution in den kapitalistischen Zentren blieb allerdings auch dann für ihn die Bedingung für eine Befreiung Russlands aus der Isolation. Sie, und mit ihr die revolutionäre Funktion des Proletariats, wurde bei Stalin durch die Systemauseinandersetzung zwischen Sowjetrussland und der kapitalistischen Welt ersetzt. Auch die Theorie war nunmehr ausschließlich an diesem Ziel ausgerichtet. Seit 1934 firmierte sie als »Marxismus-Leninismus«. Nur noch deklaratorisch war die Arbeiterklasse historisches Subjekt.

Dieser Marxismus-Leninismus in der Stalinschen Fassung war ein Bruch mit der Theorie von Marx, Engels, Lenin, ja mit dem gesamten Marxismus der Zweiten wie auch der frühen Dritten Internationale. Gegen ihn wandte sich Lew (Leo) Dawidowitsch Bronstein gen. Trotzki (1879–1940): 1905/06 und 1917 Vorsitzender des Arbeiter- und Soldatenrates von Petersburg (1914–1924: Petrograd), militärischer Organisator der Eroberung des Winterpalais 1917 und Kriegskommissar in der ersten russischen Räteregierung. Seit 1906 entwickelte er sein Konzept der Permanenten Revolution (Trotzki, Leo 1965; Trotzki, Leo 1967). Der Begriff findet sich auch in Marx' Arbeit *Die Klassenkämpfe in Frankreich 1840 bis 1850* (MEW 7: 9-107; hier, S. 89: »die Permanenzerklärung der Revolution«). Für Trotzki resultierte diese Permanenz aus der Krisenhaftigkeit des Kapitalismus. Die Geschichte der bürgerlichen Gesellschaft war nach seiner Auffassung zugleich ein Revolutionszyklus: beginnend bereits mit der Englischen Revolution von 1640–1688 und dann fortgesetzt mit der Französischen Revolution von 1789 und den Revolutionen des 19. Jahrhunderts: 1830, 1848 und 1871. Diesen Zyklus sah Trotzki 1905 und 1917 weitergeführt. Die Oktoberrevolution konnte kein Schlusspunkt sein, sie war nur eine Station einer über sie hinausgehenden Revolutionsgeschichte internationalen Charakters. Dies ergab sich nicht nur aus der Notwendigkeit, die Isolierung Sowjetrusslands zu überwinden, sondern auch aus der Tatsache, dass die weltweite Herrschaft des Kapitals letztlich nur durch eine Weltrevolution beendet werden konnte. Auch hier befand sich Trotzki in der Tradition von Marx und Lenin. Der Aufruf, mit dem 1848 das *Manifest der Kommunistischen Partei* schloss: »Proletarier aller Länder, vereinigt euch!« (MEW 4: 493) war keine moralische Parole – etwa als Aufforderung zur Solidarität – gewesen, sondern zog die Konsequenz aus der absehbaren Internationalisierung des Kapitals. Stalins Konzentration allein auf die Entwicklung

Sowjetrusslands war für Trotzki die Absage an eine Weltrevolution und auch die Revision der Oktoberrevolution, die damit zur *Verratenen Revolution* wurde. (TS 1.2: 687-1011) In Analogie zum Sturz der Jakobiner in der Französischen Revolution spricht Trotzki in diesem Zusammenhang vom »Thermidor«, von der Gegenrevolution innerhalb der Revolution. Deren Trägerin sei die Partei- und Staatsbürokratie. Sowjetrussland war für Trotzki auch nach dem Thermidor nicht kapitalistisch, da das Privateigentum an den Produktionsmitteln dort noch nicht wiederhergestellt war. Das Staatseigentum lag sogar im Interesse der Bürokratie, denn es stellte deren Machtbasis dar. Sowjetrussland war für ihn keine Diktatur des Proletariats, sondern eine Diktatur über das Proletariat, von der sich dieses durch eine zweite Revolution befreien müsse. Trotzki erhob den Anspruch, den Historischen Materialismus nicht nur zur Analyse des Kapitalismus, sondern auch einer nachkapitalistischen Gesellschaft anzuwenden.

Hatten wir eingangs Marxismus definiert als

1.) historisch-materialistische Analyse von Ökonomie und Klassenverhältnissen,
2.) eine auf diese gestützte Theorie der Politik,
3.) politische Praxis in der Perspektive einer Aufhebung der kapitalistischen Gesellschaft,

so erweist sich dies nunmehr, seit 1917, als zu eng. Jetzt gehörten zu den Themen seiner Theorie und Praxis auch

a) eine nachkapitalistische Gesellschaft sowie
b) die Beziehungen dieser nachkapitalistischen Gesellschaft zum kapitalistisch verbliebenen Teil der Welt und
c) die Entwicklung in den kolonialen und halbkolonialen Gesellschaften.

Mit letzteren hatte sich u.a. auch schon Rosa Luxemburg vor allem in ihrem Buch *Die Akkumulation des Kapitals* befasst. Eduard Bernstein hatte in der deutschen Sozialdemokratie eine Diskussion über die Frage entfacht, wie sich die sozialdemokratischen Parteien der entwickelten kapitalistischen Länder zu deren Kolonien verhalten sollten. Nach Lenins Auffassung war das Zarenreich eine zugleich kolonisierte und kolonisierende Macht. Das von den Bolschewiki proklamierte Selbstbestimmungsrecht der Nationen gestanden diese den bislang von Russland kolonisierten Völkern, die damit selbst Subjekte einer Revolution werden konnten, ebenfalls zu. Der Erste Weltkrieg hatte auch außerhalb des Zarenreiches zum Aufbruch antikolonialer Befreiungsbewegungen geführt. In China führten die nationalrevolutionäre Organisation Kuomintang und – bald im Gegensatz zu dieser – die 1920/1921 gegründete Kommunistische Partei den Kampf gegen den halbkolonialen Status dieses Landes und später gegen die japanische Aggression. Die Kritik der Politischen Ökonomie des Industriekapitalismus, die Analyse seiner Klassenverhältnisse sowie eine Theorie der Politik, die sich auf die Auseinandersetzung mit dessen Institutionen bezog, hatte hierfür kaum eine Bedeutung. Insofern steht das Wirken Mao Tse-Tung (1893–1976) in einem noch weitaus geringeren Zusammenhang mit dem bisherigen Marxismus als dasjenige Stalins. Während der Zeit von seinem Aufstieg zum Führer der Kommunistischen Partei (Ende der zwanziger/Beginn der dreißiger Jahre des 20. Jahrhunderts) bis zur Machteroberung 1949 war nicht das Proletariat, sondern die Bauernschaft der zentrale subjektive Faktor in seiner Strategie. Maos Theorie und Praxis der Politik war geprägt vom Zerfall der Zentralgewalt Chinas, dem bewaffneten Kampf von Warlords, der Kuomintang sowie der Kommunistischen

Partei um die Macht. Sein Beitrag zur Theorie und Praxis der Politik in dieser Periode war die Strategie des auf die ländlichen Volksmassen gestützten Guerilla-Kriegs.

José Carlos Mariátegui (1894–1930) – Mitgründer und Generalsekretär der Sozialistischen Partei Perus – wandte den Historischen Materialismus auf die Verhältnisse seines Landes an. Die indigene präkolumbianische Agrarwirtschaft sei durch den Feudalismus der spanischen Eroberer zerstört worden. Es folgte – beginnend an den Küstenregionen – die imperialistische Öffnung für ausländisches Kapital. Die Probleme der indianischen Bevölkerungsmehrheit, die Agrarfrage sowie internationale ökonomische Abhängigkeit sah Mariátegui als konstitutiv auch für die aktuelle Analyse Perus an. Daraus ergaben sich für ihn die Notwendigkeit und die Bedingungen für die Befreiung von den postkolonialen und kapitalistischen Herrschaftsstrukturen. Hierzu gehörte auch die Nationalisierung von Grund und Boden in verschiedenen Rechtsformen. (Mariátegui, José Carlos 1986; Mariátegui Internet)

In Europa sah sich die Arbeiterbewegung einer neuen Form bürgerlicher Herrschaft gegenüber: dem Faschismus. August Thalheimer (1884–1948), der 1923/24 zusammen mit Heinrich Brandler (1881–1967) zur Führung der Kommunistischen Partei Deutschlands (KPD) gehörte, analysierte ihn in Anlehnung an Marx' Bonapartismustheorie: In einer Situation des Kräftegleichgewichts zwischen Bourgeoisie und Proletariat (nach dem Scheitern einer Offensive der Sozialisten) nehme die Exekutive, die von einer konterrevolutionären Bewegung erobert wurde, die Interessen der Kapitalistenklasse wahr, agiere aber weitgehend unabhängig von ihr. (Thalheimer, August 1970; Thalheimer Internet) Voraussetzung der Gegenwehr war für ihn und die nach seinem Ausschluss aus der KPD von ihm mitgegründete Kommunistische Partei Deutschlands / Opposition (KPO) die Herstellung der Einheit der – zu Thalheimers Zeit in Kommunisten und Sozialdemokraten gespaltenen – Arbeiterbewegung. In Anlehnung an Lenins Imperialismustheorie definierte Georgi Dimitroff (1882 – 1949) den Faschismus an der Macht als »die offene terroristische Diktatur der reaktionärsten, am meisten chauvinistischen, am meisten imperialistischen Elemente des Finanzkapitals.« (Dimitroff 1972: 105) Daraus ergab sich – im Unterschied zur vorangegangenen Phase der Bekämpfung der Führungen der sozialdemokratischen Parteien und der bürgerlichen Parteien insgesamt – die Forderung des Zusammenwirkens aller politischen Kräfte, die nicht zu dem auf diese Weise beschriebenen Machtzentrum gehörten.

Antonio Gramsci (1891 – 1937) war der erste Marxist, der die Ursachen des Scheiterns der proletarischen Revolution in den industriell am höchsten entwickelten Ländern, den Unterschied zu deren Erfolgsbedingungen in Russland und die Transformation des Kapitalismus unter den Voraussetzungen neuer Produktionstechniken, Konsum- und kultureller Strukturen sowie veränderter Klassenstrukturen analysiert hat. Er war einer der Führer der Rätebewegung von Turin 1919/1920 und Mitgründer der Kommunistischen Partei Italiens (1921), zu deren Sekretär er auf dem Exilparteitag von Lyon 1926 gewählt wurde. Im selben Jahr wurde er unter der faschistischen Diktatur in Italien verhaftet. 1928 ist er zu zwanzig Jahren Freiheitsstrafe verurteilt worden. In seinen *Gefängnisheften* legte er seinen umfangreichen, nicht systematisch als Buch angelegten, sondern anhand vielfältiger Gegenstände in Form von Notizen und Fragmenten formulierten Beitrag zur Theorie der Politik nieder. Diese, nicht etwa die Fortsetzung der von Marx, Engels, Hilferding, Luxemburg, Lenin u. a. erarbeiteten Analyse der Politischen Ökonomie des Kapitalismus als einer Art politischer Wirtschaftstheorie, bildet den Kern seiner Überlegungen. Aufgrund seines sehr weiten Begriffs des Politischen umfasst sie aber die materiellen Produktionsverhältnisse ebenso wie die vielfältigen Erscheinungen der Kultur.

Den Sieg der Revolution in Russland und ihr Ausbleiben und Scheitern im Westen erklärt Gramsci durch in beiden Bereichen unterschiedliche Zugriffsmöglichkeiten von Politik. Im halbabsolutistischen Zarenreich genügte zunächst die Eroberung der zentralen staatlichen Instanzen, um zugleich Kontrolle über die gesamte Gesellschaft zu erhalten. Dies galt nicht dort, wo ein sozialkultureller Zwischenbereich, den Gramsci als »Zivilgesellschaft« bezeichnete, sich herausgebildet hatte. Letztere bestand aus einer Vielfalt miteinander verschränkter – auch kultureller – Institutionen mit relativer Autonomie gegenüber Staat und Ökonomie, zugleich aber in einem Zustand wechselseitiger Durchdringung mit diesen.

> »Mir scheint, Iljitsch hatte verstanden, daß es einer Wende vom Bewegungskrieg, der 1917 siegreich im Osten angewandt worden war, zum Stellungskrieg bedurfte, welcher der einzig mögliche im Westen war, wo […] die Heere in kurzer Zeit unermeßliche Mengen an Munition anhäufen konnten, wo die sozialen Kader von sich aus noch fähig waren, zu hochgewappneten Schützengräben zu werden. […] Im Osten war der Staat alles, die Zivilgesellschaft war in ihren Anfängen und gallertenhaft; im Westen bestand zwischen Staat und Zivilgesellschaft ein richtiges Verhältnis, und beim Wanken des Staates gewahrte man sogleich eine robuste Struktur der Zivilgesellschaft. Der Staat war nur ein vorgeschobener Schützengraben, hinter welchem sich eine robuste Kette von Festungen und Kasematten befand; von Staat zu Staat mehr oder weniger, versteht sich, aber gerade dies verlangte eine genaue Erkundung nationaler Art.« (GH 4: 873/874)

»Iljitsch« war Lenin. Unter Haftbedingungen benutzte Gramsci Verschlüsselungen und Bilder (hier: Bewegungs- und Stellungskrieg) für Namen und Begriffe. »Bronsteins berühmte These über die Permanenz der Bewegung« (GH 4: 873) z. B. meinte Trotzkis Theorie der Permanenten Revolution. Marxismus übersetzte Gramsci mit »Philosophie der Praxis« (GH 6: 1259). Zugleich aber nahm er damit eine nähere Bestimmung insofern vor, als darunter nicht ein Lehrgebäude und eine Tradition, die inzwischen entstanden waren, dargestellt, sondern das aktivierende Moment hervorgehoben wurde, das Marx 1845 in seiner Elften These über Feuerbach benannt hatte: »Die Philosophen haben die Welt nur verschieden interpretiert, es kömmt drauf an, sie zu verändern.« (MEW 3: 7) Theorie der Politik war damit nicht nur eine Wissenschaft *von* der Politik als eines außerhalb des Betrachters liegenden Objekts, sondern auch die Lehre von Bedingungen für Aktion eines politischen Subjekts. Die Entstehungsumstände der Gefängnishefte und deren durch jene erzwungene Form stellen ihrer Rezeption besondere Herausforderungen: Ausgangspunkt sind häufig historische und philosophische Lektüren, die Gramsci vorgenommen hat und die von unmittelbar politischen Themen entweder scheinbar oder tatsächlich entfernt waren, wobei der Autor die Verbindung zu diesen dann herstellte – oft in verdeckter oder eher allgemeiner Weise. Die bruchstückhafte Form, in der er auch seine theoretischen Innovationen niederlegte, lässt Interpretationsräume offen, kann zu Projektionen durch die Rezipienten führen, macht andererseits seine Thesen zur Anregung für Weiterentwicklungen durch andere Theoretiker, wobei diese entweder auf den Kern seiner Auffassungen hin- wie etwa von diesem wegführen.

Ein Thema seiner Reflexionen war der innerkapitalistische Umbruch der Produktionsverhältnisse im am weitesten fortgeschrittenen Industrieland, den Vereinigten Staaten von Amerika: Fließband- und Massenfertigung, Erschwinglichkeit der so hergestellten Waren (»die von Ford durchgeführten Experimente und die Einsparungen, die sein Betrieb mit Übernahme des Transports und des Verkaufs der produzierten Ware in eigene Regie erzielt hat, Einsparungen, die sich auf die Produktionskosten ausgewirkt haben, die also bessere Löhne und geringere Verkaufspreise ermöglicht haben«, GH 9: 2069) auch gehobenen Anspruchs durch die Arbeiterinnen und Arbeiter ermöglichen Befriedigung von Bedürfnissen in bisher nicht gekannter Weise, schaffen aber zugleich neue Arten der Abhängigkeit. In einer verallgemeinernden Form und mit einem Beispiel aus dem italienischen Risorgimento bezeichnet Gramsci diese Art der Hinnahme bestehender Verhältnisse durch die ihnen Unterworfenen als eine »Revolution ohne Revolution« oder »passive Revolution«. (GH 1: 102) Herrschaft erfolgt durch teilweise Einbeziehung der Interessen der Beherrschten, mit Führung durch Konsens – »Hegemonie, gepanzert mit Zwang« (GH 4: 783). Dabei kann aufgrund des Konsenses Zwang oft erübrigt werden, bleibt aber in Reserve und wird bei Bedarf eingesetzt. Die Klassenkonstellation einschließlich ihrer ideologischen Bedingungen und Folgen beschreibt Antonio Gramsci so:

> »Die Struktur und die Superstrukturen bilden einen ›geschichtlichen Block‹, das heißt, das komplexe und nichtübereinstimmende Ensemble der Superstrukturen ist der Reflex des Ensembles der gesellschaftlichen Produktionsverhältnisse.« (GH 5: 1045)

Für den Zusammenhalt dieses Komplexes, aber auch für seine Überwindung kommen den Intellektuellen Aufgaben zu, die aber nicht aus deren Sonderstellung als Akademiker (»traditionelle Intellektuelle«) entstehen, sondern dort, wo sie »organische«, nämlich mit einer Klasse eng verbundene, von ihr häufig selbst hervorgebrachte und deren Interessen artikulierende Intellektuelle sind. (GH 7: 1497-1503)

Die Ablösung eines geschichtlichen Blocks durch einen anderen – Revolution – setzt die vorherige Errichtung der Hegemonie der bisherigen Opposition voraus. Den Wechsel reflektierte Gramsci an einem historischen Beispiel, nämlich an der politischen Funktion, die Niccolò Machiavelli dem »Principe« zuwies. Für die Gegenwart konnte dies allerdings nicht mehr ein Individuum sein, sondern es war eine Organisation, die den neuen geschichtlichen Block vorbereitet, seine Elemente zusammenbringt und führt, wobei die verschlüsselte, elaborierende, nicht abschließende Darstellung Gramscis offen lässt, ob es sich dabei um die bisherige Form der kommunistischen Partei oder eine Weiterentwicklung – etwa noch einmal Marx' »Partei im großen historischen Sinn« – handelt. (GH 3: 470/471; 684/685; GH 7: 1576/1577)

## 6. Fortsetzung marxistischen Denkens in der Sozialdemokratie

Mit der Unterstützung der Kriegspolitik ihrer jeweiligen Länder durch die Mehrheit der sozialdemokratischen Parteien wurde die internationale Arbeiterbewegung mehrfach gespalten: ihr Zusammenhalt über die Grenzen hinweg zerbrach, Befürworter und Gegner der Klassenzusammenarbeit standen innerparteilich einander gegenüber, nach der russischen Oktoberrevolution schließlich befanden sich Kommunisten und Sozialdemokraten in unterschiedlichen Organisationen. Um eine Spaltung nach wie vor *innerhalb* des Marxismus handelte es sich so lange, wie die nichtkommunistischen sozialdemokratischen Parteien ihrem Selbstverständnis nach auf dem Boden des Marxismus verblieben. Erstmals trat diese Situation noch lange vor 1917 auf dem zweiten Kongress der Sozialdemokratischen Arbeiterpartei Russlands 1903 ein: die Menschewiki, von denen sich die Bolschewiki trennten, begriffen sich unverändert als Marxisten, die sich von letzteren zunächst in einer einzigen Frage: der des Parteiaufbaus, unterschieden.

Auch Karl Kautsky, den Lenin 1918 als »Renegaten« angegriffen hatte – Ursache war seine Kritik an der Ausschaltung der parlamentarischen Demokratie –, blieb Marxist. Seine schon 1914 zutage tretende Differenz zu Lenin bei der Beurteilung des Imperialismus verblieb ebenfalls innerhalb des bisherigen Verständnisses von Marxismus. Kautsky hielt einen auf transnationaler Kapitalverflechtung basierenden »Ultraimperialismus«, in dem die am höchsten entwickelten kapitalistischen Länder miteinander kooperierten, für möglich.

Rudolf Hilferding führte zur Charakterisierung der bereits 1910 von ihm analysierten neuesten Phase des Kapitalismus 1924 den Begriff des »Organisierten Kapitalismus« ein. (Hilferding, Rudolf 1982) In einem Referat auf dem SPD-Parteitag 1927 in Kiel verband er diese Theorie mit einer Strategie der parlamentarischen Machteroberung und -behauptung. Die Kombination historisch-materialistischer Kritik der politischen Ökonomie des Kapitalismus mit der Orientierung der Politik auf die parlamentarische Demokratie war seit 1918 Merkmal des sozialdemokratischen Marxismus. Bereits für die Vorkriegs-SPD und Rosa Luxemburg war die demokratische Republik ein zentrales Ziel. Nunmehr wurde nur noch die bloße Staatsform gemeint unter Abstrahierung von den realen Machtverhältnissen. Deshalb ist jetzt bereits die Weimarer Republik, so wie sie war, als demokratische Republik verstanden worden.

Hilferding und Kautsky wirkten vor allem in Deutschland, kamen aber ursprünglich aus der k.u.k.-Monarchie. Sie blieben mit der Sozialdemokratischen Arbeiterpartei in Österreich verbunden und können als Vorläufer des Austromarxismus gelten, der ab 1918 eine eigenständige Theorie und Praxis zwischen Bolschewismus und Reformismus zu entwickeln versuchte. Anders als in Deutschland war die Spaltung der Arbeiterbewegung in Österreich eher eine Absplitterung: die Kommunistische Partei blieb vergleichsweise klein. Die Sozialdemokratische Arbeiterpartei stand auf dem linken Flügel der internationalen Sozialdemokratie und initiierte sogar eine eigenständige Internationale zwischen der 1919 gegründeten Kommunistischen und der weitergeführten sozialdemokratischen »Sozialistischen Arbeiterinternationale« (1923–1940). Allerdings schlug dieser Versuch nach wenigen Jahren fehl und endete mit dem Übergang in Letztere.

Als eigenständige Strömung wurde der Austromarxismus bereits vor 1914 durch die Bearbeitung eines Themas sichtbar, das im habsburgischen Vielvölkerstaat eine besondere Bedeutung hatte: der nationalen Frage. Diese enthielt für die unterdrückten Völker ein Oppositionspotential, das mit der Klassenfrage zu verbinden war. »Nation« wurde dabei als ein kulturelles Phänomen gefasst, dessen selbstbestimmte Wahrnehmung zu respektieren sei. Der führende Theoretiker des Austromarxismus war der langjährige stellvertretende Vorsitzende der Sozialdemokratischen Arbeiterpartei und kurzzeitige Außenminister Otto Bauer. Er lieferte frühe Beiträge zur nationalen Frage und setzte nach 1917 eine Position fort, die in der Zweiten Internationale vor allem von Kautsky geprägt wurde: einen »Zentrismus« – von Bauer als »Integraler Sozialismus« bezeichnet – zwischen der revolutionären Linken und dem Reformismus. Bauer war federführend bei der Abfassung des Linzer Programms der Sozialdemokratischen Arbeiterpartei von 1926, befürwortete die demokratische Republik, für deren Verteidigung Gegenwehr im Bürgerkrieg ebenso wenig ausgeschlossen werden könne wie eine zeitweilige Diktatur des Proletariats über deren Feinde. Wie Marx, Engels und Lenin sah Bauer die demokratische Republik zwar als beste Voraussetzung, aber nicht als letztes Ziel einer proletarischen Revolution, die nach bisheriger marxistischer Auffassung über die Übergangsperiode einer »Diktatur des Proletariats« zur klassen- und (sofern Staat als Ausdruck von Klassenherrschaft verstanden wurde) letztlich staatslosen Gesellschaft führen werde. Von dieser Position unterschied sich Karl Renner (1870–1950): für ihn war – wie für Hilferding in der Weimarer Republik – die Durchdringung der Wirtschaft durch das – als einzige Form der Demokratie aufgefasste – parlamentarische Repräsentativsystem und neue Formen der Unternehmens- sowie Betriebsverfassung einschließlich des Arbeitsrechts Sozialismus. Max Adler (1873–1937) versuchte den Marxismus mit Elementen der Theorie Immanuel Kants zu verbinden. Dies hatte bereits Bernstein vorgeschlagen. Bei Adler hatte der Idealismus jedoch eine aktivistische Komponente, richtete sich gegen ökonomistisch argumentierenden Determinismus und führte dazu, dass er zum Theoretiker des linken Flügels der österreichischen und der deutschen Sozialdemokratie wurde.

Nachdem 1917 von der SPD die Unabhängige Sozialdemokratische Partei Deutschlands (USPD) abgespalten worden war, entstanden zwei Parteien mit auch programmatisch deutlichen Unterschieden. Die USPD, der Hilferding und Kautsky angehörten, knüpfte in ihrem Leipziger Programm von 1919 deutlich an das marxistische Erfurter Programm der SPD (1891) an, während die »Mehrheitssozialdemokratische« Partei (MSPD) sich in ihrem Görlitzer Programm von 1921, das stark von Bernstein beeinflusst war, zwar für die Überführung von Grund und Boden, der Bodenschätze und der »natürlichen Kraftquellen, die der Energie-Erzeugung dienen«, (Görlitz 1978: 117) in Öffentliches Eigentum eintrat, aber keine historisch-materialistische Argumentation mehr enthielt. 1920 vereinigte sich der linke Flügel der USPD mit der KPD. Der verbleibende Teil der Partei – auch Hilferding und Kautsky – ging 1922 zur SPD, die sich 1925 mit ihrem Heidelberger Programm wieder stärker am Erfurter Programm von 1891 orientierte. Bis zu ihrem Godesberger Programm von 1959 blieb die SPD eine nominell marxistische Partei, ohne dass dies Auswirkungen auf ihre praktische Politik hatte. Fritz Sternberg (1895–1963), der in seinem Buch *Der Imperialismus* das Hauptwerk Rosa Luxemburgs modifizierend weiterzuführen versuchte, (Sternberg 1926) war Mitglied der Sozialistischen Arbeiterpartei Deutschlands, die sich 1931 von der SPD abgespalten hatte.

## 7. Revolutions- und Herrschaftspraxis

Der Aufstand der Pariser Kommune und ihre nur zweimonatige Praxis (März bis Mai 1871) waren noch nicht vom Marxismus – der umgekehrt in Marx' Schrift *Der Bürger-*

*krieg in Frankreich* Lehren aus ihr zog – beeinflusst. Die Räte (»Sowjets«), die aus der Russischen Revolution von 1905/1906 hervorgingen, bildeten für Lenin und Trotzki – letzterer war Vorsitzender des Petersburger Arbeiterrates – neue Formen einer Ausübung von Arbeitermacht. Nach der Februarrevolution von 1917 entstanden sie wieder, daneben gab es eine Provisorische Regierung. Lenin forderte eine Beendigung dieser »Doppelherrschaft« durch eine zweite Revolution zugunsten der Räte. Mit der Eroberung des Winterpalais – des Sitzes der Provisorischen Regierung – am 7. November 1917 (nach dem in Russland noch gültigen Julianischen Kalender: 25. Oktober) durch Truppen des »Militärrevolutionären Komitees des Petrograder Sowjets« gelangten die Bolschewiki an die Spitze des Staates in einem Land, in dem das Proletariat nur eine kleine Minderheit bildete. Eine Massenbasis in der mehrheitlich ländlichen Bevölkerung gewannen sie durch zwei Dekrete und deren Umsetzung: über die Beendigung des Krieges und über die Aufteilung des bisherigen Großgrundbesitzes an die Bauern. 1918 lösten sie die Verfassunggebende Versammlung, in der die Partei der Sozialrevolutionäre die Majorität hatte, auf: Russland wurde jetzt durch ein ausschließliches Rätesystem regiert. Die neue Ordnung musste sich in einem Bürger- und Interventionskrieg (1917–1921) gegen die Vertreter des alten Regimes und auswärtige Mächte verteidigen: an der Stelle des zaristischen Heeres entstand die Rote Armee.

Im Westen blieb die sozialistische Revolution aus. Zwar waren in Deutschland und Österreich im November 1918 Sozialdemokraten an die Spitze des Staates gelangt, aber sie übergaben die Macht an Parlamente, in denen die bürgerlichen Parteien die Mehrheit gewannen, und ließen – zumindest in Deutschland – die Positionen von Militär (soweit dies nicht durch den Friedensvertrag von Versailles geschwächt war), Bürokratie und Großkapital unangetastet. Eine Beseitigung der kapitalistischen Eigentumsverhältnisse fand nicht statt.

Somit wurde Sowjetrussland zu einem überforderten Vorposten. Die sozialistische Revolution hatte in einer Gesellschaft stattgefunden, die noch am Anfang der kapitalistischen Entwicklung gestanden hatte. Es war die »Ursprüngliche Akkumulation« nachzuholen. Sie hatte im Westen – als Verwandlung von Gemein- sowie bäuerlichem und privatem handwerklichem Eigentum in kapitalistisches, Eroberung und Ausplünderung von Kolonien – zu der Ansammlung der Kapitalmassen geführt, die schließlich in die Industrielle Revolution eingehen konnten. Dieser Prozess war außerordentlich gewaltsam gewesen. Gleiches galt auch für die nachholende Ursprüngliche Akkumulation in Russland – jetzt nicht erstreckt über einige Jahrhunderte, sondern über ca. zwei Jahrzehnte, in denen sich die Ursprüngliche Akkumulation zugleich mit der Fortsetzung der Ersten und mit der Zweiten Industriellen Revolution verband. Der im Revolutionskonzept von Marx, Engels und Lenin prognostizierte Abbau des Staates fand nicht statt, im Gegenteil: durch die Erfordernisse nicht nur der Verteidigung nach außen, sondern auch der forcierten Ursprünglichen Akkumulation und der raschen Industrialisierung im Innern wurde die Exekutive ausgebaut, verfügte jetzt überdies über die Ressourcen verstaatlichten Eigentums und nahm die Form einer Despotie – des Stalinismus – an. Diesen definierte später der Soziologe Werner Hofmann als »eine exzessiv machtorientierte Ordnung der Innen- und Außenbeziehungen einer Gesellschaft des erklärten Übergangs zum Sozialismus.« (Hofmann, Werner 1984) Als Stalinismus müsse

> »jener Exzeß der Macht verstanden werden, der nicht in den Aufgaben einer ›Erziehungsdiktatur‹ gründet, der nicht objektiv ›notwendig‹ war. Der Stalinismus resümiert sich in der Entscheidung aller Fragen unter dem Gesichtspunkt der Macht, der Durchsetzbarkeit des Gewollten.« (Ebd.: 48)

Als weitere Bestimmungsmerkmale neben dem Machtexzess ließen sich – über Hofmann hinaus – nennen: Massenenthusiasmus, eine enorme Aufbauleistung und Hebung des kulturellen sowie (zumindest in Friedenszeiten) materiellen Niveaus großer Teile der Bevölkerung.

Durch die Selbstbehauptung im Zweiten Weltkrieg und den entscheidenden Beitrag zum Sieg über den deutschen Faschismus erschien dieses politische Regime ebenso bestätigt wie sein System der zentralistischen Planung der Wirtschaft ohne Demokratie. Ab 1945 gerieten Ost- und Mittelosteuropa unter sowjetische Herrschaft. Dazu gehörten auch zwei bis dahin schon hoch entwickelte Volkswirtschaften: die Tschechoslowakei und Teile Deutschlands (ab 1949: Deutsche Demokratische Republik, DDR). Die ausschließliche zentralistische Planung war für sie (nach einer durchaus erfolgreichen Anfangsphase, in der in relativ kurzer Frist die Kriegsschäden beseitigt wurden und die Produktionsbasis erweitert werden konnte) nicht geeignet – in dem Maße, in dem auch die Sowjetunion sich entwickelt hatte, auch für diese nicht mehr. Versuche, in der Deutschen Demokratischen Republik und in der Tschechoslowakei während der 1960er Jahre ein neues, dezentrales System der Planung und Leitung zu entwickeln, scheiterten an der UdSSR, deren Führung eine Desintegration des von ihr geführten Blocks nachkapitalistischer Länder befürchtete. Damit verloren die sozialistischen Gesellschaften die Möglichkeit der Dynamisierung auf der Basis des gesellschaftlichen Eigentums. Sie wurden seit den siebziger Jahren von den Volkswirtschaften des Westens abhängig und gingen seit 1989 in den Kapitalismus über.

In Jugoslawien leitete der Bund der Kommunisten, an dessen Spitze Josip Broz Tito (1892–1980) stand, den Partisanenkrieg gegen die deutsche Okkupation (seit 1941) und errichtete nach deren Beseitigung eine sozialistische Gesellschaft. Nach dem Bruch mit der UdSSR, der 1948 erfolgte, wurde ein System dezentraler Planung mit Arbeiterselbstverwaltung eingeführt. Früher und tiefer noch als die Gesellschaften des sowjetischen Machtbereichs geriet Jugoslawien in den siebziger Jahren in Kreditabhängigkeit vom kapitalistischen Westen und ging ab 1991 ebenfalls unter. Gleiches gilt für das ungarische System, das in den sechziger Jahren marktsozialistische Strukturen eingeführt und sich dem kapitalistischen Weltmarkt zu öffnen versucht hatte.

Die Gründung der Volksrepublik China 1949 war das Ergebnis eines jahrzehntelangen Bürgerkriegs, in dessen Verlauf sich die Kommunistische Partei während der dreißiger Jahre in den Norden des Landes zurückziehen musste (»Langer Marsch«), dort »Befreite Gebiete« aufbaute und danach im bewaffneten Kampf gegen die japanische Invasion und dann gegen die Kuomintang die Staatsmacht eroberte. Auch hier mussten zugleich die Ursprüngliche Akkumulation nachgeholt und die Industrialisierung vorangetrieben werden. Nach 1957 brach China mit der Sowjetunion und bekämpfte diese. Durch eine so genannte »Kulturrevolution« in den sechziger Jahren versuchte Mao Tse-Tung den Staats- und Parteiapparat zu revolutionieren. Nach seinem Tod ging China auf einen Kurs kapitalistischer Entwicklung unter Beibehaltung des Machtmonopols der Kommunistischen Partei.

In Vietnam gelangte die Kommunistische Partei (seit 1951: Partei der Werktätigen Vietnams), geführt von Ho Chí Minh (1890–1969), im bewaffneten Kampf gegen die japanische Besatzung, die französische Kolonialherrschaft, schließlich gegen eine Intervention der USA an die Macht und behauptet diese bei gleichzeitigem Übergang zu einer marktwirtschaftlichen Ordnung unter Beibehaltung des sozialistischen Eigentums. (»Doi Moi«; Giesenfeld, Günter 2013: 369-391)

Eine Guerilla unter der Führung von Fidel Castro (1926–2016) stürzte 1959 eine Diktatur auf Kuba, transformierte sich zu einer Kommunistischen Partei und errichtete ebenfalls eine sozialistische Gesellschaft. In Chile kam 1970 der Sozialist Salvador Allende durch Wahl in das Amt des Staatspräsidenten und leitete sozialistische Reformen (u.a. Verstaatlichung des Kupferbergbaus) ein. 1973 wurde er durch einen Militärputsch gestürzt und kam dabei ums Leben.

Mit Beginn des Kalten Krieges war in den vierziger Jahren Korea gespalten worden. Die Kommunistische Partei errichtete im Norden eine Diktatur und beschränkt sich bis heute auf Machtbehauptung mit unverkennbarer Perspektivlosigkeit.

## 8. Theoretische Leistungen im Staatssozialismus

Die Stalin-Herrschaft bedeutete für mehr als zwei Jahrzehnte (vom Ende der 1920er bis Mitte der 1950er Jahre) Stagnation und auch Abbruch wissenschaftlicher Entwicklung des Historischen Materialismus auf seinen bisherigen zentralen

Arbeitsgebieten. Auch danach fanden die Gesellschaftswissenschaften dort ihre – wenngleich nun wesentlich weitere – Schranke an einem sehr eng aufgefassten Sicherheitsdenken. Innerhalb dieser Grenzen waren bemerkenswerte Leistungen einzelner Fachdisziplinen – etwa in der Geschichtswissenschaft in der DDR – möglich, wenn der Historische Materialismus auf konkrete Tatbestände angewandt wurde wie beispielsweise in der Imperialismus- und Faschismusforschung oder der Wirtschaftsgeschichte. Hinzu kommt die philologische Erschließung und Edition der Werke von Marx, Engels, Lenin, Luxemburg und anderer nunmehr als »Klassiker« bezeichneter Theoretiker(innen). Eine historisch-kritische Marx-Engels-Gesamtausgabe scheiterte in den dreißiger Jahren. Ihr Organisator, David Borissowitsch Rjasanow (1870–1938), wurde unter Stalin verhaftet und erschossen. Erst 1975 wurde ein neuer Versuch unternommen, der bis heute nicht abgeschlossen ist.

Eine Analyse der sozialistischen Gesellschaft, wodurch die bisherige marxistische Theorie der Politik auf jene selbst angewandt worden wäre, fand im sowjetischen Machtbereich nicht statt. Noch lange nach der offiziellen Entstalinisierung blieb Rudolf Bahros (1935–1997) Buch *Die Alternative* (Bahro, Rudolf 1977) in der DDR ungedruckt, der Autor wurde inhaftiert.

Auf zwei Gebieten erbrachte der staatlich verfasste Sozialismus eigenständige theoretische Leistungen:

Das erste ist die Untersuchung der ökonomischen Entwicklung der kapitalistischen Länder. Hier trat Jenö (Eugen) Varga (1879–1964) mit Konjunkturanalysen hervor. In einer postum veröffentlichten Ausarbeitung übte er überdies scharfe Kritik an der bisherigen Entwicklung der sozialistischen Länder. (Varga, Jenö 1994) Seit den 1960er Jahren wurde insbesondere in der DDR die Theorie des Staatsmonopolistischen Kapitalismus entwickelt. Der Begriff findet sich eher beiläufig in einer Schrift Lenins. (LW 13: 436) Inhaltlich knüpfte diese Theorie an dessen Imperialismusanalyse, soweit sie sich auf Hilferding stützte, an. Sie sah die am weitesten entwickelten kapitalistischen Länder dadurch bestimmt, dass der Staat von den Monopolen beherrscht wird. (Imperialismus der BRD 1971)

Eine zweite große Leistung stellen die Theorie und Praxis der ökonomischen Planung im Sozialismus dar. Konzeptionell bahnbrechend wirkte hier Stanislav Gustavović Strumilin (1877–1974). Seine Vorschläge für eine aufeinander abgestimmte Entwicklung der verschiedenen Wirtschaftszweige hatte seit dem Ende der zwanziger Jahre keinen Einfluss mehr auf die staatliche Praxis, in der sich ein voluntaristischer Primat der Politik (gewaltsame Kollektivierung der Landwirtschaft, forcierter Aufbau der Schwerindustrie in kürzester Zeit) durchsetzte. Der Agrar- und Entwicklungsökonom Alexander Wassiljewitsch Tschajanow (1888–1937/1938 oder 1939) entwickelte eine Theorie der optimalen Größe bäuerlicher Betriebe und wurde während des Stalinschen Großen Terrors ermordet.

Die Breite marxistischen ökonomischen Denkens, die sich von Marx und Engels bis zu Otto Bauer, Hilferding, Lenin und Rosa Luxemburg herausgebildet hatte, findet sich im Werk von Nikolai Iwanowitsch Bucharin und wurde von ihm eigenständig weiterentwickelt. Einige seiner wichtigsten Schriften verfasste er noch vor der Oktoberrevolution, so z. B. eine Auseinandersetzung mit der österreichischen Grenznutzenschule. Er war Imperialismustheoretiker und wandte sich zugleich den Problemen der Ökonomie Sowjetrusslands zu. Auf ihn – mehr noch als auf Lenin – gehen zentrale Überlegungen der »Neuen Ökonomischen Politik« zurück, wonach für eine längere Übergangsperiode die Ressourcen des Landes auch unter Nutzung von privatwirtschaftlichen Eigentumsformen (neben den genossenschaftlichen, die aber zum sozialistischen Sektor gehörten) entwickelt werden sollten. Ab 1929 wurde dieser Kurs aufgegeben, Bucharin wurde 1938 erschossen. Im Gegensatz zu Strumilin und Bucharin hatte Jewgenij Alexejewitsch Preobrashenskij (1886–1937) in den zwanziger Jahren Überlegungen zu einer schnellen Industrialisierung vorgelegt. Auch er wurde ein Opfer der Stalinschen »Säuberungen«.

Nikolai Dmitrijewitsch Kondratieff (1892–1938), der ähnliche Vorstellungen über die Entwicklung der sowjetischen Wirtschaft vertrat wie Bucharin, trat mit seiner bis heute vielfach diskutierten Theorie über die »langen Wellen der Konjunktur«, die mehrere kürzere Zyklen übergreifen, hervor. (Kondratieff, N. D. 1926). Auch er verlor sein Leben im Stalinschen Terror.

Während der gesamten Existenz der staatssozialistischen Länder blieb das Problem ungelöst, wie Angebot, Nachfrage und Innovation unter Vermeidung von Mangel, Verschwendung und Stagnation ohne Markt entwickelt werden können. Dies war Thema der wissenschaftlichen Arbeit von Oskar Lange (1904–1965). Er entwarf 1936/1937 das Modell eines »Marktsozialismus«, in dem die Produktionsmittel in der Hand des Staates sind und eine zentrale Planungsbehörde Preise vorgibt, deren schließliche Höhe aber von den Entscheidungen der individuellen Konsument(inn)en und der Produzent(inn)en abhängig ist. (Lange, Oskar 1977 I) 1965 – in seiner letzten Arbeit – erörterte er die Möglichkeit des Einsatzes von Computern für die Planung. (Lange, Oskar 1977 II) Das in der DDR 1963 verkündete Neue Ökonomische System der Planung und Leitung der Volkswirtschaft und die ökonomischen Experimente in der Tschechoslowakei 1968 waren nicht in gleicher Weise durchgearbeitet wie Langes Vorschlag. Ob dieser tatsächlich zu der von ihm angestrebten Volkswirtschaft mit optimaler Bedarfsdeckung geführt hätte, muss, da er nie in Angriff genommen wurde, offen bleiben.

## 9. Oppositionspraxis bis 1945

Im 19. Jahrhundert gab es keine operative Revolutionsstrategie derjenigen sozialdemokratischen Parteien, die sich programmatisch zum Marxismus bekannten. In Auswertung der Russischen Revolution der Jahre 1905/1906 sah Lenin die Sowjets als die revolutionären Machtorgane der Zukunft. Rosa Luxemburg fasste die europäische Lage dieser Jahre als vorrevolutionär auf und propagierte den Massenstreik als Vorbereitung des Aufstandes. Sie wie auch Lenin 1917 entwarfen kein Konzept der Opposition innerhalb einer noch gefestigten kapitalistischen Herrschaft, sondern der Revolution in einer Krisensituation der bürgerlichen Gesellschaft. Dies war auch die Haltung der am Ende des Ersten Weltkriegs entstandenen kommunistischen Parteien im Westen, die sich der 1919 gegründeten Kommunistischen (»Dritten«) Internationale anschlossen. Als der Umsturz in den Zentren ausblieb, konnte eine solche kurzfristige Perspektive nicht länger aufrecht erhalten bleiben. Die Kommunistischen Parteien ordneten sich ab 1924 den Vorgaben der Kommunistischen Partei der Sowjetunion (KPdSU) unter, wonach ihre Hauptaufgabe in der Unterstützung der UdSSR bestehe. Mit Ausbruch der Weltwirtschaftskrise 1929 schien eine neue revolutionäre Phase zu beginnen. Nach Auffassung der Kommunistischen Internationale bestand jetzt die Alternative zwischen Räteherrschaft und faschistischer Diktatur. Verteidigung der bürgerlich-demokratischen Republik (und Beschränkung auf Opposition in ihrem Rahmen) erschien als Illusion. Fatalerweise wurde die Sozialdemokratie als konterrevolutionäre Hauptstütze der Bourgeoisie (»sozialfaschistisch«) in einer als revolutionär missverstandenen Situation gesehen und als der gefährlichere Flügel des Faschismus bezeichnet. Eine Korrektur dieses Kurses, dem die italienische KP – bereits seit 1922 illegal – nicht vollständig folgte, wurde auf dem VII. Weltkongress der Kommunistischen Internationale 1935 vollzogen. Ziel war jetzt eine »Volksfront« aller nichtfaschistischen Kräfte. Diese kam im antifaschistischen Widerstand zum Tragen und gewann den Kommunistischen Parteien Frankreichs und Italiens im Kampf gegen die deutsche Okkupation eine Massenbasis. Da nicht der akute Umsturz, sondern die Wiedergewinnung der Demokratie als Gegenwartsaufgabe verstanden war, sahen die Parteien der Dritten Internationale nun ihren Platz in einer antifaschistischen, aber noch nicht sozialistischen Ordnung. Im Spanienkrieg (1936–1939) verteidigten sie die Republik. Mit dieser Neuorientierung stellte sich erstmals die Frage nach einer langfristigen Oppositionsstrategie.

Die Unterordnung unter die Außenpolitik der Sowjetunion wurde nicht von allen kommunistischen Kräften geteilt. Von der KPO in Deutschland ist sie kritisiert worden. Trotzki wurde 1927 aus der KPdSU ausgeschlossen, 1928 nach Alma Ata verbannt und 1929 in die Türkei ausgewiesen. Seine Opposition gegen die sowjetische Bürokratie und gegen deren Berücksichtigung der objektiv veränderten – nichtrevolutionären – Situation verstand er als Fraktionskampf innerhalb der kommunistischen Bewegung. 1938 wurde unter seiner Führung die Vierte Internationale gegründet. 1940 ist er von einem Agenten des sowjetischen Geheimdienstes im mexikanischen Exil ermordet worden.

## 10. Theorien zur Politischen Ökonomie des Kapitalismus nach 1945

Der Eintritt der am weitesten entwickelten kapitalistischen Gesellschaften in eine Phase des krisenfreien Wachstums 1948–1975 stellte die marxistische ökonomische Kapitalismuskritik vor eine neue Herausforderung. Eine Antwort darauf war die Theorie des Staatsmonopolistischen Kapitalismus, die nicht nur in der DDR entwickelt wurde, sondern auch in der Französischen Kommunistischen Partei mit dem u. a. von Paul Boccara (1932–2017) erarbeiteten, 1971 erschienenen und 1972 ins Deutsche übersetzten Werk *Le Capitalisme monopoliste d'État.* (Boccara u. a. 1972) Sie blieb auch innermarxistisch umstritten. Wurde der Monopolpreis zur Regel, stellte sich die Frage nach der Gültigkeit des Marxschen Wertgesetzes, das in der Konkurrenz realisiert wird. (Altvater, Elmar 1975) Damit verbunden war die Frage nach der Relevanz einer Unterscheidung von monopolistischer und nichtmonopolistischer Bourgeoisie. Hieraus ergaben sich unterschiedliche Auffassungen über die Sozialstruktur im aktuellen Kapitalismus, die in der Bundesrepublik Deutschland Gegenstand umfangreicher empirischer Studien auf historisch-materialistischer Basis waren. (IMSF

1972–1975; Projekt Klassenanalyse 1973/1974; Tjaden-Steinhauer, Margarete / Karl Hermann Tjaden 1973) In die Theorie des Staatsmonopolistischen Kapitalismus gingen auch Überlegungen über die Veränderung der stofflichen Grundlagen dieser Produktionsweise ein. Für Marx war das »fixe Kapital« ein historisch wachsender Teil der Investitionen: Anlagen und Maschinen, die erst nach längerer Zeit abgeschrieben werden können, bis dahin also »fixiert« sind. (MEW 24: 158-163) Nimmt deren Anteil zu, erreicht schließlich der notwendige Aufwand einen so großen Umfang, dass diese Kapitalmassen nur noch durch Großbetriebe aufgebracht werden können, hohe und langfristige Finanzierungen erfordert sind und staatlich abgesichert, teilweise auch organisiert werden müssen. (Katzenstein, Robert 1976; Katzenstein, Robert 1974)

In ihrer erstmals 1966 (deutsch: 1967) erschienenen Untersuchung *Monopolkapital* über das Wirtschafts- und Gesellschaftssystem der USA aktualisierten Paul A. Baran (1910–1964) und Paul M. Sweezy (1910–2004) – der 1949 zusammen mit Leo Huberman (1903–1968) die theoretische Zeitschrift *Monthly Review* gründete – Marx' Theorie der Überakkumulation und ergänzten dabei den Begriff des Mehrwerts durch den des Surplus. »Das ökonomische Surplus ist, auf die kürzeste Formel gebracht, der Unterschied zwischen dem, was eine Gesellschaft produziert, und den Produktionskosten.« (Baran, Paul / Paul M. Sweezy 1967: 19) Letztere sind hier nicht nur die Löhne, der Begriff des Surplus ist also nicht identisch mit dem Marxschen Mehrwert. In einer Gesellschaft des ständig wachsenden Überschusses ergeben sich Probleme der »Absorbierung des Surplus« und Versuche der Lösung dieses Problems durch »Konsum und Investierung der Kapitalisten« (Ebd.: 83-

113), »Verkaufsförderung« (Ebd.: 114-141), »Zivile Ausgaben der Regierung« (142-174), »Militarismus und Imperialismus« (175-210).

Ernest Mandel (1923–1995), ein führender Politiker und Theoretiker der Vierten Internationale, sah in seiner Analyse des – von ihm so bezeichneten – Spätkapitalismus diese Form der kapitalistischen Produktionsweise nicht von deren Modifikationen durch Vorherrschen der Monopole und eine neue Rolle des Staates bestimmt, sondern wies (damit die schon von Marx dargelegten Gesetzmäßigkeiten bestätigend) auf die durch Automatisierung und weltweiten Klassenkampf dynamisierte Krisenhaftigkeit dieser Produktionsweise hin und hielt am unvermindert aktuellen revolutionären Potential der Arbeiterklasse fest. (Mandel, Ernest 1974)

Vor allem durch die letztere These unterschied er sich von nahezu allen – auch marxistischen – Beurteilungen der politischen und sozialen Situation seit dem Zweiten Weltkrieg in den am meisten entwickelten kapitalistischen Gesellschaften. Hoher Beschäftigungsstand, steigende Reallöhne, Ausbau der Systeme sozialer Sicherung verbesserten den Lebensstandard von großen Teilen der Arbeiterklasse, die sich durch die Reformpolitik der Gewerkschaften und – in Europa – der sozialdemokratischen Parteien angemessen vertreten sahen und keine revolutionäre Politik befürworteten. Dagegen wuchs seit den sechziger Jahren des 20. Jahrhunderts Unbehagen in der Intelligenz, die seit dem Zweiten Weltkrieg zu einer Massenschicht herangewachsen war. Eric Hobsbawm (1917–2012) hat deren quantitative Ausdehnung und die Zunahme ihres Einflusses sogar als eine innerkapitalistische »soziale Revolution« bezeichnet. (Hobsbawm, Eric 2002: 372-380) Im sozial- und geisteswissenschaftlichen Sektor dieser Intelligenz wurden der Krieg der USA in Vietnam, die Kämpfe der antikolonialen Befreiungsbewegungen und die Selbstbehauptung der sozialistischen Länder als Krisensymptome des Kapitalismus wahrgenommen, der dadurch allerdings auch besonders aggressiv werde, was zur Gefahr eines Atomkriegs führe. In der Bundesrepublik Deutschland kam die Auseinandersetzung der studierenden Jugend mit dem Faschismus als einer Konsequenz der kapitalistischen Produktionsweise hinzu.

Im Kontext dieser Krisenwahrnehmung erfolgte eine breite Hinwendung zum Marxschen Werk, zunächst oft der Frühschriften, schließlich aber vor allem des *Kapital*. Dessen Aneignung und Interpretation hatte seit dem 19. Jahrhundert verschiedene Phasen durchlaufen. Von Friedrich Engels war aus Marx' Nachlass 1885 ein zweiter und 1894 ein dritter Band herausgegeben worden. Die weit darüber hinausgehende Textmasse ist nicht vor 2012 – innerhalb der historisch-kritischen Marx-Engels-Gesamtausgabe – vollständig erschlossen worden. Früh erschienen Zusammenfassungen in verschiedenen Sprachen (Deville, Gabriel o. J.; Kautsky, Karl 1887), teils als Wiedergaben, teils unter Herausarbeitung eines vom Verfasser für zentral gehaltenen Aspekts (Domela Nieuwenhuis 1887).

Paul Sweezys erstmals 1942 publizierte *Theorie der kapitalistischen Entwicklung* (Sweezy, Paul 1988) war ebenfalls zugleich eine Einführung in das Marxsche ökonomische Werk. Dies gilt auch für die *Principles of Political Economy* (Uno, Kōzō 1980) des japanischen Ökonomen Kōzō Uno (1897–1977). Sie erschienen 1950 und 1952 in zwei Bänden, die in 50.000 Exemplaren verkauft wurden und die einflussreichste theoretische Arbeit des japanischen Marxismus waren. (Ihr Verfasser bezeichnete sich selbst nicht als Marxisten, da er nicht politisch organisiert war.) Uno arbeitete diesen Text ständig um und verdichtete ihn. Die Neuauflage von 1964 umfasst nur noch einen Bruchteil der Erstausgabe (in der englischen Übersetzung von 1980 lediglich 126 Seiten, davon 46 Seiten eng gedruckte Fußnoten).

Kōzō Uno, der Gründer einer nach dem Zweiten Weltkrieg in Japan mehrere Jahrzehnte lang einflussreichen wissenschaftlichen Schule, trat nicht nur mit seinem Grundlagentext *Principles of Political Economy*, sondern mit der von ihm entwickelten so genannten Drei-Stufen-Theorie hervor: Die erste Ebene stellt die logische Analyse dar. Ihr Ergebnis war die Theorie des »Reinen Kapitalismus«. Am klarsten sah Kōzō Uno diese im Marxschen *Kapital* realisiert. Die zweite Stufe ist die Theorie der kapitalistischen Entwicklung. Jede Phase dieser Gesellschaftsordnung macht eine neue Analyse notwendig. Ein Beispiel war für Uno Hilferdings *Finanzkapital*. Die dritte Stufe ist die aktuelle Empirie, die wiederum ihre spezifischen Verfahren benötigt.

Seit der zweiten Hälfte der sechziger Jahre des 20. Jahrhunderts ist die ältere Tradition der *Kapital*-Rezeption wieder aufgenommen worden, innerhalb und außerhalb der Universitäten verbunden mit intensiver Arbeit in Lesezirkeln, (Haug, Wolfgang Fritz 1990) wobei nur ausnahmsweise in erster Linie ein Arbeiterpublikum gesucht (Lemmnitz, Alfred / Heinz Schäfer 1972) wurde oder wohl auch hätte gefunden werden können. In erster Linie war es ein Aneignungs- und Vermittlungsprozess von Intellektuellen für Intellektuelle.

Stilbildend in dieser Richtung wurde das 1965 erstmals erschienene Werk *Das Kapital lesen* von Louis Althusser und Étienne Balibar. (Althusser, Louis / Étienne Balibar 1972) Obwohl Mitglieder der Französischen Kommunistischen

Partei, lösten sie die Marxsche Kritik der Politischen Ökonomie von der Dialektik, von der Arbeiterklasse und den politischen Kämpfen: das Kapital ist nichts als Struktur, Althussers und Balibars Interpretation eine Variante des französischen Strukturalismus. Im Zuge des von großen Teilen der kurz zuvor noch politisierten Intelligenz vollzogenen *Abschieds vom Proletariat* (Gorz, André 1980) gewann ihre Interpretation Einfluss auf eine philosophisch-philologische Forschung, die als »Neue Marx-Lektüre« das Marxsche *Kapital* – mit methodologischer Legitimation durch Max Horkheimer (1895–1973) und insbesondere Theodor W. Adorno (1903–1969) – auf die Analyse der Wertform reduzierte. (Backhaus, Hans-Georg 1997; Reichelt, Helmut 2001)

In ähnlicher Weise, wie die erste Schülergeneration von Marx und Engels (sowie Engels selbst) im letzten Viertel des 19. Jahrhunderts sich um eine Interpretation von Geschichte und Vorgeschichte der bürgerlichen Gesellschaft bemühte, engagierten sich spätere marxistische Ökonomen und Historiker um eine geschichtliche Fundierung ihrer Theorie. Maurice Dobb (1900–1976) hatte die Entstehung des Kapitalismus aus der internen Entwicklung der – vor allem britischen – feudalen Produktionsweise heraus dargestellt. (Dobb, Maurice 1970) Dem widersprach Paul M. Sweezy. Aus der darauf folgenden ausgedehnten Diskussion (Sweezy, Paul / Maurice Dobb u. a. 1978) entstand eine Spaltung in der marxistischen Interpretation von Geschichte und Aktualität des Kapitalismus. Die eine Richtung – zu der Sweezy gehörte – gab den internationalen Handels- und Kapitalbeziehungen die Priorität, die andere (Dobb) hielt die Akkumulations- und Produktionsvorgänge in einem fest umgrenzten regionalen oder nationalen Bereich für wichtiger.

Mit der Entstehung eines Systems sozialistischer Staaten und mit der gleichzeitigen Entkolonisierung weitete marxistische Theorie ihren Untersuchungsgegenstand aus über die kapitalistischen Metropolen hinaus. Dies war allerdings schon in Marx' Ausführungen über die Ursprüngliche Akkumulation angelegt. Die »Weltsystemanalyse« von Immanuel Wallerstein (1930–2019) unterscheidet zwischen Zentren, Semiperipherie und Peripherie, die sich seit dem späten Mittelalter herausgebildet haben. (Wallerstein, Immanuel 2004–2012). Vom Marxismus stark beeinflusst, wenngleich nicht ausschließlich an ihm orientiert ist die Dependencia-Theorie, deren Vertreter seit den sechziger Jahren vor allem am Beispiel Lateinamerikas die Fortdauer nachkolonialer Abhängigkeit von den kapitalistischen Metropolen untersuchten. (Cardoso, Fernando / Enzo Faletto 1984; Frank, André Gunder 1975)

## 11. Marxistische Theorie und Praxis der Politik nach 1945 in der kapitalistischen Welt

Mit der Entstehung eines sozialistischen Weltsystems und von nachkolonialen Gesellschaften, die teilweise sozialistisch optierten, konnte marxistische Theorie der Politik als Theorie des internationalen Klassenkampfes formuliert werden. (Steinhaus, Kurt 1967) Die KPdSU und die an ihr orientierten Parteien in Ost und West sahen die staatssozialistischen Gesellschaften, die Arbeiterbewegung der kapitalistischen Länder und die nationalen Befreiungsbewegungen der ehemaligen Kolonien und Halbkolonien als dessen Akteure in der Auseinandersetzung mit dem weltweiten Kapitalismus.

In dieser Version blieb die Systemauseinandersetzung der zentrale Konflikt, an dessen von der Sowjetunion formulierten Erfordernissen auch die kommunistischen Parteien des Westens sich orientierten. Aus der Theorie des Staatsmonopolistischen Kapitalismus wurde eine Strategie der antimonopolistischen Demokratie, die von der Arbeiterklasse und mit ihr verbündeten nichtmonopolistischen (auch bürgerlichen) Kräften zu verwirklichen sei, gefolgert. Eine ähnliche Richtung – allerdings ohne das Bündniskonzept – verfolgten Überlegungen zu »antikapitalistischen Strukturreformen«, die u. a. von Ernest Mandel und André Gorz (vor dessen späterer Proklamation des *Abschieds vom Proletariat*) vorgetragen wurden.

Noch bevor diese Konzepte ausführlich niedergelegt worden waren, wurden sie zeitweise praktiziert: in einigen europäischen Nachkriegsverfassungen und – allerdings kurzlebigen – Volksfrontregierungen unter Einschluss der Kommunisten. In der Bundesrepublik Deutschland entwickelte Wolfgang Abendroth (1906–1985) Überlegungen zu den Möglichkeiten sozialistischer Transformation durch die Kombination von parlamentarischem und außerparlamentarischem Kampf innerhalb eines Systems rechts- und sozialstaatlicher konstitutioneller Garantien. (Abendroth, Wolfgang 1967) Im Gemeinsamen Programm der Französischen Kommunistischen Partei und der Französischen Sozialistischen Partei von 1972 wurden Grundsätze einer antimonopolitischen Demokratie niedergelegt. Nach dem Sturz der Diktatur in Portugal praktizierte die Portugiesische Kommunistische Partei – deren Generalsekretär Álvaro Cunhal (1913–2005) auch als Theoretiker zu der in diesem Lande wichtigen Agrarfrage hervortrat (Cunhal, Álvaro 1968) – 1974/75 im Bündnis mit radikalen Offizieren, darunter der

Ministerpräsident vom Juli 1974 bis zum September 1975, Vasco dos Santos Gonçalves (1921–2005), antikapitalistische Strukturreformen: Überführung von Latifundien im Alentejo in Genossenschaften, Verstaatlichung von Banken, Versicherungen und Großbetrieben, Stärkung von Arbeiterrechten, Einführung eines Mindestlohns und eines 13. Monatseinkommens.

In den Metropolen des Nordens hatten Konzepte der antimonopolistischen Demokratie hohe Plausibilität in der Periode von 1947 bis ca. 1973, die durch schnelles Wachstum, hohen Beschäftigungsgrad und besonders Ende der sechziger/Anfang der siebziger Jahre durch Offensivmöglichkeiten der Gewerkschaften gekennzeichnet war. Sie endete ab ca. 1973/1975 mit dem Übergang in den finanzmarktgetriebenen Kapitalismus. Als Kommunisten und Sozialisten schließlich 1981 tatsächlich eine gemeinsame Regierung in Frankreich bilden konnten, wurden Banken verstaatlicht, doch nach zwei Jahren ist das darüber hinausgehende Reformprogramm gestoppt worden, da Kapitalflucht und Staatsverschuldung seiner Realisierung enge Grenzen setzten. Unter dem Druck hoher Arbeitslosigkeit wurden in zahlreichen kapitalistischen Ländern die Gewerkschaften geschwächt. Damit verschlechterten sich die Chancen zur Durchsetzung antikapitalistischer Strukturreformen.

Ebenfalls seit Mitte der siebziger Jahre gab die Italienische Kommunistische Partei – nachdem sich dies bereits unter ihrem Generalsekretär Palmiro Togliatti (1893–1964) angekündigt hatte – die Einordnung ihrer Politik in die Systemauseinandersetzung an der Seite der KPdSU auf und konzipierte einen eigenständigen Weg innerhalb der in diesem Land gegebenen politischen Strukturen der repräsentativen Demokratie unter Absage an die als Diktatur des Proletariats bezeichnete Herrschaftsform des Staatssozialismus. Nach dem Rechtsputsch in Chile wurde von Enrico Berlinguer (1923–1984) ein »Historischer Kompromiss« entworfen, der die Gefahr einer jähen Rechtswende in Italien vermeiden und einen etwaigen Eintritt der Kommunisten in die Regierung ermöglichen sollte. Gramscis Vorstellungen vom »Bewegungskrieg« dienten als zusätzliche Legitimation. Den gleichen Kurs verfolgten u. a. auch die Kommunistischen Parteien Spaniens und – nach einigem Zögern 1976 – Frankreichs (»Eurokommunismus«). Unabhängig davon agierten die Kommunistische Partei Japans und kleinere kommunistische Parteien Westeuropas – z. B. Großbritanniens und der Schweiz – in gleichem Sinne. Unter den Bedingungen des finanzmarktgetriebenen Kapitalismus und eines Wandels der Sozialstruktur – quantitative Stagnation, dann Schrumpfen der Handarbeiterklasse in den Metropolen – verloren sie alle an Einfluss. Mitglieder und Gruppen der Vierten Internationale, die – von Land zu Land verschieden – teils in eigenständigen Parteien operierten, teils sich in sozialdemokratischen Parteien integrierten und diese als Basis ihrer Politik nutzten (»Entrismus«), hatten insofern größere Bewegungsfreiheit als die nicht-eurokommunistischen KPs, als sie sich nicht den Interessen der Sowjetunion in der Systemauseinandersetzung unterordneten und vom Antikommunismus nicht frontal getroffen wurden. Ihre ausschließliche Orientierung auf die Arbeiterklasse ohne ein darüber hinausgehendes Bündniskonzept schmälerte andererseits aufgrund der sozialstrukturellen Umgruppierung ihre Aktionsbasis zwar nicht global, wohl aber in den am höchsten entwickelten kapitalistischen Ländern.

Während und unmittelbar nach der europäischen und US-amerikanischen Studentenbewegung der ausgehenden sechziger Jahre wurde Marx von vielen Intellektuellen gleichsam neu entdeckt. Innerhalb der Vielfalt oppositioneller Praxen, die sich damals entwickelten, traten Konzepte hervor, die der Industriearbeiterschaft kein revolutionäres Potential mehr zuerkannten. Großen Einfluss in dieser Richtung hatte Herbert Marcuse (1898–1979). In seinem Buch *Der eindimensionale Mensch* und anderen Schriften sowie massenwirksamen öffentlichen Stellungnahmen konstatierte er die vollständige Integration der Arbeiterklasse in den Kapitalismus, sah keinen Ansatz zu einer internen Transformation in den hoch entwickelten bürgerlichen Industriegesellschaften und propagierte stattdessen eine Negation: die »Große Weigerung« von Randgruppen in den Zentren, darunter auch Intellektuellen, sowie der antikolonialen Befreiungsbewegungen. (Marcuse, Herbert 1967). Teile der Studentenbewegung vertraten in Anlehnung an Ernesto (Che) Guevara (1928–1967) die so genannte »Focus-Theorie«: eine latent revolutionäre Situation könne durch kleine Gruppen gesamtgesellschaftlich aktualisiert werden. Die Kubanische Revolution wurde als Beispiel dieses Konzepts verstanden, das 1967 in Bolivien scheiterte und dessen Übertragung auf Europa sich als ausschließlich voluntaristisch und haltlos erwies. Unabhängig davon trugen die Befreiungsbewegungen der bislang in Unterentwicklung gehaltenen Länder zu einer Erweiterung des theoretischen Blickfeldes über die Probleme der industriellen Zentren hinaus bei. Dies gilt nicht nur für den Beitrag Mao Tse-Tung, sondern auch für die Theorie des Gewaltverhältnisses von Kolonisierung und Entkolonisierung bei Frantz Fanon (1925–1961). (Fanon, Frantz 2001)

## 12.
## Westlicher und Akademischer Marxismus

In seinem Buch *Über den westlichen Marxismus* von 1976 (deutsch 1977) beschrieb Perry Anderson (geb. 1938) einen »Westlichen Marxismus«, der u. a. durch folgende Merkmale gekennzeichnet sei:

- Distanz zum Marxismus-Leninismus der staatssozialistischen Länder und der meisten kommunistischen Parteien der kapitalistischen Welt,
- Verlagerung des Interessen-Schwerpunktes von der Ökonomie zur Analyse dessen, was Marx einst den »Überbau« genannt hatte,
- Trennung der wissenschaftlichen Arbeit von praktischer Politik,
- Abwendung von der revolutionären Funktion des Proletariats. (Anderson, Perry 1978)

Die letztgenannte Bestimmung gilt noch nicht für drei Theoretiker, auf die Anderson die Anfänge des »Westlichen Marxismus« zurückführt: Antonio Gramsci, Karl Korsch (1886–1961) und Georg Lukács (1875–1971). Sie waren zugleich praktische Politiker der kommunistischen Bewegung. Als Vorläufer eines »westlichen Marxismus« können sie nur unter der Voraussetzung gelten, dass Akzentuierung von Ideologietheorie und eine dauernde oder zeitweise Opposition zur sowjetischen Politik zu dessen konstituierenden Merkmalen gerechnet werden. Ähnliches gilt auch für das Werk Ernst Blochs (1885–1977), der den Historischen Materialismus für utopisches Denken zu öffnen versuchte. In westlichen Ländern mit starken kommunistischen Parteien ist auch nach 1945 der Typus des radikalen Intellektuellen, der diesen nicht angehört, sie aber als positive Bedingung seines eigenen politischen Wirkens in sein Selbstverständnis einbezieht, einige Jahrzehnte noch von Bedeutung gewesen. Dies gilt z. B. für den existenzialistischen Philosophen Jean-Paul Sartre (1905–1980) und den italienischen sozialistischen Politiker Lelio Basso (1903–1978), Gründer der Zeitschrift *Problemi del Socialismo* und führendes Mitglied des Partito Socialista Italiano di Unità Proletaria (PSIUP). Der »westliche Marxismus« entfernte sich von diesen praktischen, teilweise auch organisatorischen Bezügen.

Das 1924 in Frankfurt/Main gegründete Institut für Sozialforschung wurde zunächst von dem Austromarxisten Carl Grünberg (1861–1940) geleitet. Er förderte – auch in der von ihm schon seit 1911 herausgegebenen Zeitschrift *Archiv für die Geschichte des Sozialismus und der Arbeiterbewegung* – empirische Untersuchungen zur ökonomischen Struktur kapitalistischer Gesellschaften und unterhielt enge Beziehungen zum Institut für Marxismus-Leninismus in Moskau. Politisch aktive Marxisten wie Henryk Grossmann (der vorher in der polnischen kommunistischen Bewegung führend tätig gewesen war) und Richard Sorge (1895–1944) gehörten zu den Mitarbeitern.

Nach Grünbergs krankheitsbedingtem Ausscheiden änderte das Institut unter der Leitung Max Horkheimers (seit 1930) seine Orientierung. Die Nähe zur Arbeiterbewegung wurde ebenso aufgegeben wie die bisherige Einbeziehung konkret historischer Forschung als Versuch der Aufdeckung revolutionärer Potentiale zur Überwindung des Kapitalismus – in einer Auseinandersetzung mit Grossmann 1943 stellte Horkheimer dies unter Positivismusverdikt. (Scheele, Jürgen 1999: 198-222) Während der US-amerikanischen Emigration und ab 1951 wieder in Frankfurt/Main entwickelte das Institut unter Horkheimer und Adorno eine

Kritische Theorie der Gesellschaft, in der soziokulturelle Determinanten von Herrschaft untersucht wurden. Berührungen mit dem Historischen Materialismus ergaben sich in der Beibehaltung der Dialektik als Denkmethode, hier allerdings fast ausschließlich beschränkt auf Phänomene jenseits von Produktion und Ökonomie.

Von einem »Westlichen Marxismus« als einer politischen und wissenschaftlichen Bewegung kann aber nur für den Zeitraum 1956 bis 1989 gesprochen werden. Zu ihm verhalten sich die anderen, früheren Ansätze wie Vorläufer.

Mit dem XX. Parteitag der KPdSU 1956, auf dem Verbrechen Stalins enthüllt wurden, und der Niederschlagung des Ungarn-Aufstandes im selben Jahr hatten sich zahlreiche marxistische Intellektuelle von ihrer bisherigen teilweise bedingungslosen Loyalität gegenüber der Sowjetunion gelöst und begannen nach von dieser unabhängigen Wegen zu suchen. Ein großer Teil der Historikergruppe der britischen KP um die Zeitschrift *Past and Present* trennte sich von der Partei. 1960 wurde in Großbritannien die *New Left Review* gegründet.

Eine »Neue Linke« verstand sich als Emanzipationsbewegung neben und teilweise unabhängig von der Arbeiterbewegung. Sie hatte ihre Basis im sozial- und geisteswissenschaftlichen Teil der mittlerweile zu einer Massenschicht angewachsenen Intelligenz. Hier begann seit den sechziger Jahren die Rezeption der Theorien Antonio Gramscis, die mit der allmählichen Veröffentlichung seines Nachlasses, insbesondere der *Gefängnishefte* (in italienischer Sprache zuerst 1948–1951) zugänglich wurden. Sie erfolgte zunehmend losgelöst von dem praktischen Zusammenhang, in dem sie dieser kommunistische Politiker einer proletarischen Bewegung immer gesehen und entwickelt hatte.

Die Voraussetzungen, unter denen der »Westliche Marxismus« eine politische Prägung beibehielt, waren:

1. der Ost-West-Konflikt, von dessen Imperativen er sich zwar freigemacht hatte, der aber weiterhin eine Herausforderung für die bürgerliche Welt darstelle, sowie
2. ein Reformpotential, das unter den Bedingungen starken Wachstums, hoher Beschäftigung und starker Gewerkschaften Chancen zur Überwindung der kapitalistischen Produktionsweise zu eröffnen schien.

Zunächst mit der Anbahnung des finanzmarktgetriebenen Kapitalismus seit Mitte der 1970er Jahre, dann mit dem Zusammenbruch des Staatssozialismus ab 1989 entfielen diese Chancen. Gleichzeitig transformierte sich der »Westliche Marxismus« in eine Enklave innerhalb der Universitäten und auch des Publikationswesens und lässt sich deshalb angemessener als Akademischer Marxismus – ohne jeden praktischen Bezug – charakterisieren. Hierher gehört der Analytische Marxismus, der seit den achtziger Jahren sich um eine Übersetzung der zentralen Begriffe des Historischen Materialismus und der Kritik der Politischen Ökonomie in die Terminologie anderer philosophischer und sozialwissenschaftlicher Richtungen – darunter der Analytischen Philosophie, des Kritischen Rationalismus und der Rational-Choice-Theorie – bemühte (Mayer, Tom 1994). Ein Buchtitel: *Making Sense of Marx* (Elster, Jon 1985) bringt diese Absicht programmatisch zum Ausdruck.

In umgekehrter Richtung wirkte die Rezeption Gramscis: als starke Beeinflussung der Gesellschafts- und Geisteswissenschaften, zum Beispiel der »Cultural Studies«, in denen Überlegungen dieses Theoretikers über die Praxis des Alltags verarbeitet wurden. Seine Reflexionen zur Hegemonie – ursprünglich auf Beziehungen im innenpolitischen

Klassenkampf entwickelt – wurden im so genannten »Neogramscianismus« zu einer Theorie internationaler Beziehungen – als Internationale Politische Ökonomie – umgeformt. (Cox, Robert W. 1998) In ähnlicher Richtung wirkten Anregungen Gramscis auf die in den siebziger Jahren entstehende Regulationstheorie, die die wechselnden Konfigurationen zwischen Kapital, Arbeit und Staat zu beschreiben versucht, ein. (Aglietta, Michel 2000) Zunächst stark beeinflusst von Gramsci, dann in kritischer Auseinandersetzung mit ihm entwickelte Nicos Poulantzas (1936–1979) dessen Konzept des »geschichtlichen Blocks« zu Vorstellungen vom »Block an der Macht« weiter. (Poulantzas, Nicos 1978) Bei Louis Althusser (1918–1990) fand die statische Struktur eines Kapitalismus ohne Subjekt in ideologischen und repressiven Staatsapparaten ihren politischen Ausdruck. (Althusser, Louis 2010; Althusser, Louis 2012)

Diese verschiedenen Ausformungen eines »Westlichen« und schließlich Akademischen Marxismus sind gekennzeichnet durch ein hohes interpretatorisches und geringes empirisch-analytisches Potential und – in ihrer Schlussphase – operative Bedeutungslosigkeit.

## 13.
## Marxismus seit 1989 und im beginnenden 21. Jahrhundert

Der Zusammenbruch des sowjetisch geprägten Staatssozialismus ab 1989, seine Transformation in China seit den späten 1970er Jahren und – in ähnlicher Weise – in Vietnam sowie die Durchsetzung eines neu deregulierten Kapitalismus-Typus in den USA und West- und Mitteleuropa ab 1973 (Ende des Währungssystems von Bretton Woods) mussten zur Herausforderung auch für historisch-materialistische Analyse werden. Hatte Oskar Lange noch vorgeschlagen, Ineffizienzen der zentralen Planung durch Einfügung von Gütermärkten zu beheben, so gingen Włodzimierz Brus (1921–2007) und Kazimierz Łaski (1921–2015) nun weiter: die optimale Ausstattung mit öffentlichen Gütern sei an politisches Handeln unter den Bedingungen der Unsicherheit auch des Kapital- und Arbeitsmarkts gebunden. Der Titel eines von ihnen gemeinsam verfassten Buches lautete *Von Marx zum Markt. Der Sozialismus auf der Suche nach einem neuen Wirtschaftssystem.* (Brus, Włodzimierz/Kazimierz Łaski 1990) Sie konstatierten nicht nur das Scheitern der bisherigen zentralstaatlichen Planung bei verstaatlichtem Eigentum, sondern markierten zugleich eine Kritik am Marktradikalismus (Neoliberalismus), wie sie von der postkeynesianischen Richtung der Wirtschaftswissenschaften vertreten wird. Zu den Gründern dieser letztgenannten Richtung gehörte Michał Kalecki, der Thesen von John Maynard Keynes vorweggenommen hatte, sie zugleich aber mit marxistischen Positionen – in der Akkumulations- und auch Klassentheorie – verband. Fruchtbar wurde diese Synthese dadurch, dass Elemente der historisch-materialistischen Kritik der Politischen Ökonomie sich als vereinbar mit Instrumenten operativen Handelns unter fortbestehenden kapitalistischen Eigentumsverhältnissen, deren Grenzen bei konsequenter Anwendung erreicht werden konnten, erwiesen. Früh hatte Joan Robinson diese Position vom so genannten Neokeynesianismus, der in einer »neoklassischen Synthese« Nachfragepolitik lediglich korrigierend in ein weiterhin ausschließlich marktgesteuertes System einbaute, distanziert. (Reiner, Sabine 1998) Zu den Berührungspunkten zwischen linkskeynesianischer und marxistischer Analyse gehört die Betonung des historischen Prozesses der Akkumulation von Kapital. Eine Differenz bildet die unterschiedliche Beurteilung der Arbeitswerttheorie. Sie bildet kein Hindernis für die Entwicklung von mittelfristig gemeinsamen Konzepten für eine Reformpolitik, die, ausgehend von der Notwendigkeit einer Steuerung der Akkumulation und der staatlichen Abschöpfung und Umlenkung von Gewinnen, die Dominanz des Privateigentums über den Wirtschaftsprozess zu brechen versucht. Im Werk und in der praktischen Wirksamkeit des marxistischen Ökonomen Jörg Huffschmid (1940–2009), der 1975 zu den Mitgründern einer »Arbeitsgruppe Alternative Wirtschaftspolitik« und 1995 der »European Economists for an Alternative Economic Policy in Europe« gehörte, ist dieses Konzept weit vorangetrieben worden. (Huffschmid, Jörg 2002)

Darüber hinausgehend halten Paul W. Cockshott (geb. 1952) und Allin Cottrell (geb. 1953) eine auf gesellschaftlichem Eigentum und der Arbeitswertlehre beruhende Ökonomie mit demokratischer Planung erst jetzt, aufgrund der modernen Informationstechnologie, für möglich. Die theoretische Fundierung ihres Vorschlags ergibt sich aus der Auseinandersetzung mit einem Problem, das Marx hinterlassen hatte. Dieses betraf das Verhältnis von Marktpreisen und Arbeitswerten. Marx hatte es durch die Konstruktion einer einheitlichen Profitrate zu lösen versucht, aus der sich – als Vermittlung zwischen beiden – ein »Produktionspreis« ergeben hatte. (MEW 25: 151-220) Eine mathematisch tragfähige Schließung dieses Vorschlags war von ihm nicht vorgenommen und ist immer wieder für unmöglich erklärt worden. Die Grenznutzenschule – darunter Marx' Zeitgenosse William Stanley Jevons – hatte sich von der Arbeitswertlehre gelöst, Preise ausschließlich aus dem Verhältnis von Angebot und Nachfrage erklärt und so die Vor-Marxsche ökonomische Klassik (Smith, Ricardo) in die Neoklassik überführt. Piero Sraffas (1898 – 1983) Herleitung der Preise aus »Warenproduktion mittels Waren« (Sraffa, Piero 1976) kam ohne Arbeits- und Mehrwerte aus. Dieser so genannte »Sraffa-Schock« wurde zur Herausforderung für marxistische Ökonomen. Emmanuel Farjoun und Moshé Machover kamen 1983 zu dem Ergebnis, dass es – anders als von Marx konstruiert – keine einheitliche Profitrate gebe. Sie sei weder empirisch nachweis- noch widerspruchsfrei theoretisch begründbar, sondern lediglich aus der Theorietradition seit Adam Smith übernommen. Gebe man diese Voraussetzung auf, dann sei das, was bislang als einheitliche Profitrate galt, eine ausschließlich statistisch zu ermittelnde Tatsache, im Wesentlichen aber treffe die reine Arbeitswertlehre aus dem ersten Band des *Kapital* zu. Dies stimme mit dem Ergebnis empirischer Untersuchungen für Großbritannien aus den 1960er, 70er und 80er Jahren überein. (Farjoun, Emmanuel / Moshé Machover 1983) Aufgrund dieser Rehabilitation der Arbeitswertlehre (siehe auch Fröhlich, Nils 2009) entwickelten Cockshott und Cottrell das Modell einer demokratisch geplanten sozialistischen Ökonomie: *Alternativen aus dem Rechner* (Cockshott, Paul W. / Allin Cottrell 2012).[3] Über deren politische Durchsetzbarkeit war damit eingestandenermaßen noch nichts gesagt.

In der Partei des Demokratischen Sozialismus (PDS), die aus der Sozialistischen Einheitspartei Deutschlands (SED) hervorgegangen war, und in der Partei Die Linke, zu der sie sich 2007 durch den Hinzutritt der linkssozial-

3 Die Hinweise auf die Arbeiten von Cockshott / Cottrell, Farjoun / Machover und Fröhlich verdanke ich Ralf Blendowkse.

demokratischen und linksgewerkschaftlichen Wahlalternative Arbeit und Soziale Gerechtigkeit (WASG) zu erweitern suchte, wurden früh Vorstellungen von einer Gesellschaft entwickelt, die von einer Kombination aus staatlichem, genossenschaftlichem, kommunalem und auch gesellschaftlich kontrolliertem kapitalistischem Eigentum ausgingen – Konsequenz aus negativen Erfahrungen mit nahezu ausschließlichem staatlichem Eigentum in der Sowjetunion, der DDR und anderen staatssozialistischen Gesellschaften. (Klein, Dieter 2007)

2012 wurde die historisch-kritische Ausgabe des Marxschen *Kapital* abgeschlossen, das – nunmehr komplettiert um den gesamten Nachlass zu diesem Werk – nicht mehr drei, sondern 15 Bände umfasst. Diese philologische Arbeit brachte durchaus auch einen theoretischen Ertrag. Es zeigt sich, dass Marx unter Beibehaltung seiner zentralen Ergebnisse – Mehrwert- und Akkumulationstheorie –

1. seine Begrifflichkeit nicht als abgeschlossen betrachtete, sondern sich stets um ihre Weiterentwicklung bemühte,
2. die zeitgleich erfolgenden Wandlungen des Kapitalismus zu berücksichtigen suchte und
3. eine Einbeziehung positiven Wissens in sein System weit über das von ihm bislang erreichte Maß anstrebte. (Vollgraf, Carl-Erich 2012)

Das von Wolfgang Fritz Haug (geb. 1936) seit den siebziger Jahren im Zusammenhang mit dem u.a. von ihm herausgegebenen und seit 1994 erscheinenden *Historisch-Kritischen Wörterbuch des Marxismus (HKWM)* entwickelte Konzept eines »pluralen Marxismus« erhält dadurch eine neue – in diesem Lexikon auch bereits von Anfang an berücksichtigte – Bedeutung: Sollte zunächst vor allem die Vielfalt historisch-materialistischer Vorstellungen fruchtbar gemacht werden, so war nunmehr endlich die gesamte Breite gesellschaftlicher Phänomene, auch so weit sie bislang noch nicht von Marxisten behandelt worden waren, einzubeziehen. Insofern – und auch durch die ständige Veränderung der kapitalistischen Gesellschaft – erweist sich der Historische Materialismus als eine ihren jeweiligen Erkenntnisstand ebenso aufhebende Methode wie andere, nichtmarxistische Richtungen auch. Dass Max Weber, Antonio Gramsci und Karl Marx – selbst so weit dies von ihnen angestrebt wurde – kein geschlossenes System, sondern nur jeweils ein riesiges Fragment, von dem große Teile erst aus dem Nachlass publiziert wurden, hinterließen, ist offenbar nicht biografisch bedingt (trotz der Extremsituation von Gramscis Einkerkerung), sondern ergibt sich aus der Unabgeschlossenheit des von ihnen behandelten Gegenstandes: kapitalistische Gesellschaft.

Die Erweiterung historisch-materialistischen Denkens kann in folgender Hinsicht nicht vor einem Kernbestand der Überlegungen von Marx und Engels Halt machen:

Die Arbeit, durch die ihrer Auffassung nach – übereinstimmend mit den Klassikern der Politischen Ökonomie (u. a. Smith und Ricardo) – der Reichtum der Gesellschaften und deren Zusammenhalt konstituiert wird, besteht bei ihnen (ebenso wie bei ihren Vorläufern) im Wesentlichen aus Produktion. Dies bedeutete in der bisherigen Geschichte (nicht nur des Kapitalismus, sondern aller Gesellschaften seit dem Neolithikum) die Herstellung von Artefakten unter dem Verschleiß stofflicher Ressourcen sowie »nicht generierbarer Energieträger und dem Anfall nicht-rezyklierbarer Stoffsubstanzen«, was »eo ipso natural-technische Nicht-Reproduktivität« bedeute. (Tjaden, Karl Hermann 1990: 383) Marx selbst hatte die Konsequenzen einer solchen Entwicklung schon wahrgenommen:

> »Die kapitalistische Produktion entwickelt daher nur die Technik und Kombination des gesellschaftlichen Produktionsprozesses, indem sie zugleich die Springquellen alles Reichtums untergräbt: die Erde und den Arbeiter.« (MEW 23: 529 f.)

Die Notwendigkeit der Erweiterung des Arbeitsbegriffs über die Produktion hinaus zur Sicherung der Reproduktivität war bei ihm noch nicht formuliert und wird nun Thema historisch-materialistischen Denkens, das diese Grenze zu überschreiten versucht (Tjaden, Karl Hermann 1992) und durch die gleichgewichtige Einbeziehung der Biosphäre sich als nicht nur historischen, sondern zugleich historisch-geografischen Materialismus begreift. (Tjaden, Karl Hermann 2008)

Die Vorhersagen des *Manifests der Kommunistischen Partei* über eine weltweite Verallgemeinerung des Kapitalverhältnisses (MEW 4: 463-466) haben seit dem letzten Viertel des zwanzigsten Jahrhunderts mehr als je zuvor ihre Tragfähigkeit bewiesen. »Globalisierung« ist zu einem Schlüsselbegriff für die Beschreibung der ökonomischen Situation geworden, dies allerdings in einem auf reine Marktvorgänge und die internationale Arbeitsteilung verengten Sinn. Historisch-materialistische Analyse dagegen kann sie als Ergebnis des jahrhundertelangen Prozesses von auf Mehrwertproduktion beruhender Akkumulation sichtbar machen. (Arrighi, Giovanni 1996)

In den Arbeiten des US-amerikanischen Geografen David Harvey (geb. 1935) wird Marx' Theorie der so genannten Ursprünglichen Akkumulation aktualisiert: Letztere erweist sich nicht als einmaliges historisches Ereignis, sondern als ein Strukturmerkmal des Kapitalismus, etwa in den Privatisierungen öffentlichen Eigentums und in der Aufhebung kleineren privaten Eigentums durch Zentralisierung sowie der Aufhebung öffentlich-rechtlicher Sicherungssysteme. (Harvey, David 2005) Wie bei Rosa Luxemburg verbindet sich auch bei ihm durch Berücksichtigung des räumlichen Aspekts Akkumulation mit Imperialismus. Bei Robert Paul Brenner (geb. 1943) wird Marx' Theorie der Überakkumulation am Beispiel der USA seit den siebziger Jahren des 20. Jahrhunderts empirisch in der Analyse der aktuellen Finanz- und Wirtschaftskrisen verifiziert. (Brenner, Robert Paul 2002)

Wenig leistungsfähig ist der zeitgenössische Marxismus auf dem Feld einer Theorie der Politik, sofern diese, nach seinem ursprünglichen Anspruch, Strategieentwicklung einschließen soll. Zentrale Ursache hierfür ist die Tatsache, dass ein historisches Subjekt, wie es von Marx über Luxemburg, Lenin, Gramsci bis auch noch zur Konzeption des Staatsmonopolistischen Kapitalismus die Arbeiterklasse gewesen ist, nicht ausgemacht werden kann. Zwar hat weltweit – anders als in den alten Zentren – das Proletariat quantitativ zugenommen, aber es tritt nicht einheitlich auf. Insofern hat es wieder einen Status, wie es von Marx in der Ersten Industriellen Revolution vor seiner Konstituierung als Klasse in den damaligen Zentren dargestellt wurde: als »bereits eine Klasse gegenüber dem Kapital, aber noch nicht für sich selbst.« Die von Karl Heinz Roth (geb. 1942) konstatierte »globale Proletarisierung« (Roth, Karl Heinz 2009) ist bislang eine nur sozialstatistische, keine politische Tatsache. Robert Kurz (1943–2012) dagegen brach mit dem – von ihm so bezeichneten – »Arbeiterbewegungsmarxismus« und prognostizierte einen Kollaps des Kapitalismus infolge der Überakkumulation, in der erzeugte Werte nicht mehr realisiert und dadurch wieder entwertet würden. (Kurz, Robert 2005).

Michael Hardt (geb. 1960) und Antonio Negri (1933–2023) postulieren eine »Multitude« als Subjekt: die Mehrheit der von der Macht ausgeschlossenen, aber je für sich handlungsfähigen Individuen. (Hardt, Michael/Antonio Negri 2003; Dies. 2004). Der Philosoph Alain Badiou (geb. 1937) definiert seine »kommunistische Hypothese« als das Postulat »einer vom Gesetz des Profits und des Privatinteresses befreiten Welt«, das »weitestgehend negativ« sei, »denn es ist sicherer und wichtiger zu sagen, dass die Welt so wie sie ist, nicht *notwendig* ist, als ›ins Leere‹ zu sagen, dass eine andere Welt möglich ist.« (Badiou, Alain 2011: 48 f. Hervorhebung: Badiou)

Hans Heinz Holz (1927–2011) versuchte neben seinem umfangreichen fachphilosophischen Werk, in dem er u.a. dialektisches Denken zu rekonstruieren unternahm, (Holz, Hans Heinz 2010) nach 1989 traditionelle Bestandteile kommunistischen Denkens und Handelns eher zu rechtfertigen und zu konservieren als historisch-materialistische Theorie und Praxis unter veränderten Bedingungen neu zu begründen. (Holz, Hans Heinz 1995) Luciano Canfora (geb. 1942) und Domenico Losurdo (1941–2018) treten u.a. als Kritiker von Ideologie und Politik des Liberalismus hervor. (Canfora, Luciano 2006; Losurdo, Domenico 2010)

Barbara Kirchner (geb. 1970) und Dietmar Dath (geb. 1970) entwerfen einen »Implex« der Moderne, in dem die Potentiale einer Transformation der Gesellschaft in einer nicht eindeutig richtungsbestimmten Weise ineinander greifen. (Dath, Dietmar/Barbara Kirchner 2012). Eine zentrale Stellung nimmt dabei u.a. die Technologie ein. In seinem Essay *Maschinenwinter* reformuliert Dath einige Annahmen des Historischen Materialismus (u.a. sieht er in Marx' und Engels' These von der Geschichte als einer Geschichte von Klassenkämpfen eine nicht in erster Linie historische, sondern erst in der Zukunft voll realisierte Tatsache) und erörtert das Verhältnis von Technologie, Regression und Emanzipation: »Die Menschen müssen ihre Maschinen befreien, damit die sich revanchieren können.« (Dath, Dietmar 2008: 131) Damit ist ein weiteres Desiderat aktueller und künftiger historisch-materialistischer Theorie und Politik markiert: die Notwendigkeit angemessener Schlussfolgerungen aus der Dritten Industriellen Revolution, insbesondere ihrer Auswirkungen auf das Verhältnis von Produktionsmitteln und menschlicher Arbeitskraft, für die Möglichkeiten digitaler Teilhabe, aber auch herrschaftlicher Kontrolle. Die Ursachen sowohl des Sieges des Kapitalismus im Kalten Krieg als auch der Schwächung der Gewerkschaften (sowie des marxistischen Flügels der Arbeiterbewegung) im Westen sind bisher zu vorrangig auf machtpolitischem Gebiet und zu wenig in den tiefgreifenden Konsequenzen dieser technologischen Umwälzung gesucht worden, wobei die Frage zu stellen ist, weshalb letztere in den kapitalistischen, nicht aber in den bisherigen staatssozialistischen Gesellschaften entscheidend vorangetrieben werden konnte. Die Antwort hierauf müsste Konsequenzen auch für sozialistische Strategiebildung haben.

## 14. Wirkungen und Zukunft

Unbestritten ist, dass der Marxismus eine der zentralen Wirkungsmächte des 20. Jahrhunderts war, auch wenn der Zusammenhang des politisch-militärischen Machtfaktors der Sowjetunion, auf den dies weithin zurückzuführen ist, mit dem Historischen Materialismus von Karl Marx und Friedrich Engels immer wieder in Frage gestellt wurde. Ohne den Staatssozialismus wäre die wissenschaftliche Auseinandersetzung mit dieser Theorie zweifellos geringfügiger ausgefallen. Auch vor 1917 erfolgte die Beschäftigung mit Marx' Werk schon unter Berücksichtigung einer Machttatsache: der damals immer stärker werdenden Arbeiterbewegung. Mögen diese Voraussetzungen revidierbar gewesen sein, so gilt dies nicht für die wissenschaftliche Revolution, die der Historische Materialismus bedeutete: die Konstatierung der Priorität der materiellen Lebensbedingungen vor dem so genannten Überbau. Das gesamte bürgerliche Denken des 20. Jahrhunderts: von Max Weber (1864–1920) bis zu Michel Foucault (1926–1984) und Jürgen Habermas (geb. 1929), ist – gerade dort, wo es sich davon abzusetzen sucht – undenkbar ohne diese vorangegangene Umwälzung. (Selbst popkulturelle Begleiterscheinungen wie z. B. bei Slavoj Žižek, geb. 1949, gehören hierher.) Dies ist nicht nur eine Reverenz vor vergangenen Leistungen: Die Befunde des Marxismus von der weltweiten Durchsetzung des Kapitalismus, seiner unvermeidlichen Krisenhaftigkeit, der Überakkumulation und der gesellschaftlichen Polarisierung betreffen die Gegenwart und die Zukunft. Selbst das Scheitern des Staatssozialismus und die unverkennbare Schwäche einer revolutionären Theorie und Praxis der Politik sind am ehesten mit den Instrumenten des Historischen Materialismus zu erklären, seit Karl Marx 1859 in seinem Vorwort zu seiner Schrift *Zur Kritik der Politischen Ökonomie* konstatierte, dass den Kapitalismus überwindendes Handeln erst in der Überreife dieser Produktions- und Lebensweise voll wirksam werden kann.

# Literaturhinweise

Abendroth, Wolfgang 1967: Antagonistische Gesellschaft und politische Demokratie. Aufsätze zur politischen Soziologie. Neuwied / Berlin.

Aglietta, Michel 2000: Ein neues Akkumulationsregime. Hamburg.

Althusser, Louis / Étienne Balibar 1972: Das Kapital lesen. Reinbek.

Althusser, Louis 2010: Ideologie und ideologische Staatsapparate 1. Halbband. Hamburg.

Althusser, Louis 2012: Über die Reproduktion, Ideologie und ideologische Staatsapparate, 2. Halbband. Hamburg.

Altvater, Elmar 1975: Wertgesetz und Monopolmacht. In: Wertbegriff und Monopolmacht. In: Theorie des Monopols (I) Argument Sonderband AS 6. Berlin. S. 129-198.

Anderson, Perry 1978: Über den westlichen Marxismus. Frankfurt am Main.

Arrighi, Giovanni 1996: The Long Twentieth Century: Money, Power, and the Origins of Our Times. 2. Aufl. London.

Backhaus, Hans-Georg 1997: Dialektik der Wertform. Untersuchungen zur Marxschen Ökonomiekritik, Freiburg i. Br.

Badiou, Alain 2011: Die kommunistische Hypothese. Berlin.

Bahro, Rudolf 1977: Die Alternative. Zur Kritik des real existierenden Sozialismus. Köln/Frankfurt am Main 1977.

Baran, Paul / Paul M. Sweezy 1967: Monopolkapital. Ein Essay über die amerikanische Wirtschafts- und Gesellschaftsordnung. Frankfurt am Main.

Bernstein, Eduard 1977: Die Voraussetzungen des Sozialismus und die Aufgaben der Sozialdemokratie. 7. Aufl. Bonn-Bad Godesberg.

[Boccara u. a. 1972]: Der Staatsmonopolistische Kapitalismus. Frankfurt am Main.

Brenner, Robert Paul 2002: Boom & Bubble. Die USA in der Weltwirtschaft. Hamburg.

Brus, Włodzimierz / Kazimierz Łaski 1990: Von Marx zum Markt. Der Sozialismus auf der Suche nach einem neuen Wirtschaftssystem. 2. Aufl. Marburg.

BW: Bauer, Otto: Werkausgabe. 9 Bde. Wien 1975–1980.

Bucharin, Nikolai I. 1925/1926: Der Imperialismus und die Akkumulation des Kapitals. In: Unter dem Banner des Marxismus. Wien / Berlin / Moskau / Leningrad. 1. Jg., 1925/26 (Reprint Erlangen 1970). S. 21-63; 231-290.

Canfora, Luciano 2006: Kurze Geschichte der Demokratie. Von Athen bis zur EU. Köln.

Cardoso, Fernando / Enzo Faletto 1984: Abhängigkeit und Entwicklung in Lateinamerika. Frankfurt am Main.

Cockshott, Paul W. / Allin Cottrell 2012: Alternativen aus dem Rechner. Für sozialistische Planung und direkte Demokratie. 2. Aufl. Köln.

Cox, Robert W. 1998: Weltordnung und Hegemonie – Grundlagen der »Internationalen Politischen Ökonomie«. (Forschungsgruppe Europäische Gemeinschaften, Studie Nr. 11). Marburg.

Cunhal, Álvaro 1968: A Questão Agrária em Portugal. Rio de Janeiro.

Dath, Dietmar 2008: Maschinenwinter: Wissen, Technik, Sozialismus. Eine Streitschrift. Frankfurt am Main.

Dath, Dietmar / Barbara Kirchner 2012: Der Implex. Sozialer Fortschritt: Geschichte und Idee. Berlin.

Deutscher, Isaac 1974: Marxismus und die UdSSR. Frankfurt am Main.

Deville, Gabriel o. J.: L'Évolution du capital. Cours d'Économie Sociale II. Paris

Dimitroff, Georgi 1972: Die Offensive des Faschismus und die Aufgaben der Kommunistischen Internationale. In: Dimitroff, Georgi: Ausgewählte Werke in zwei Bänden. Frankfurt am Main. 1. Bd. S. 104-179.

Dobb, Maurice 1970: Entwicklung des Kapitalismus. Vom Spätfeudalismus bis zur Gegenwart. Köln 1970.

Domela Nieuwenhuis, Ferdinand 1887: De Normale arbeidsdag. Historisch-Ekonomische studie door F. Domela Nieuwenhuis. 's-Gravenhage.

Elster, Jon 1985: Making Sense of Marx. Cambridge / Paris.

Fanon, Frantz 2001: Die Verdammten dieser Erde. Frankfurt am Main.

Farjoun, Emmanuel / Moshé Machover 1983: Laws of Chaos. A Probabilistic Approach to Political Economy. London.

Frank, André Gunder 1975: Kapitalismus und Unterentwicklung in Lateinamerika. 2. Aufl. Frankfurt am Main.

Fröhlich, Nils 2009: Die Aktualität der Arbeitswerttheorie. Theoretische und empirische Aspekte. Marburg.

Fülberth, Georg 1994: Der große Versuch. Geschichte der kommunistischen Bewegung und der sozialistischen Staaten, Köln.

GH: Gramsci, Antonio: Gefängnishefte. Herausgegeben vom Deutschen Gramsci-Projekt unter der wissenschaftlichen Leitung von Prof. Dr. Klaus Bochmann (Universität Leipzig) und Prof. Dr. Wolfgang Fritz Haug (Freie Universität Berlin). Übersetzt von Klaus Bochmann, Ruedi Graf, Wolfgang Fritz Haug, Peter Jehle, Gerhard Kuck, Joachim Meinert und Leonie Schröder. 10 Bde. Hamburg 1991–2002.

Giesenfeld, Günter 2013: Land der Reisfelder. Vietnam, Laos und Kambodscha. Geschichte und Gegenwart. Hamburg 2013.

Görlitz 1978: Programm der Sozialdemokratischen Partei Deutschlands (Mehrheitssozialdemokratie) (Beschlossen zu Görlitz 1921). In: Abendroth, Wolfgang: Aufstieg und Krise der deutschen Sozialdemokratie. Das Problem der Zweckentfremdung einer politischen Partei durch die Anpassungstendenz von Institutionen an vorgegebene Machtverhältnisse. 4., erweiterte Auflage. Köln.

Gorz, André 1980: Abschied vom Proletariat – jenseits des Sozialismus. Frankfurt am Main.

Grossmann, Henryk 1929: Das Akkumulations- und Zusammenbruchsgesetz des kapitalistischen Systems (Zugleich eine Krisentheorie). Leipzig.

Hacks, Peter / Hans Heinz Holz 2007: Nun habe ich Ihnen doch zu einem Ärger verholfen. Briefe, Texte, Erinnerungen. Berlin.

Hardt, Michael / Antonio Negri 2003: Empire – die neue Weltordnung. Frankfurt/Main.

Hardt, Michael / Antonio Negri 2004: Multitude. Krieg und Demokratie im Empire. Frankfurt/Main.

Harvey, David 2005: Der neue Imperialismus. Hamburg

Harvey, David 2007: Kleine Geschichte des Neoliberalismus. Zürich.

Haug, Wolfgang Fritz 1990: Vorlesungen zur Einführung ins »Kapital«. 5. Auflage. Köln.

Hermlin, Stephan 1979: Abendlicht. Leipzig.

Hilferding, Rudolf 1968: Das Finanzkapital. Eine Studie über die jüngste Entwicklung des Kapitalismus. Frankfurt am Main / Wien.

Hilferding, Rudolf 1982: Probleme der Zeit. In: Stephan, Cora (Hrsg.): Zwischen den Stühlen oder über die Unvereinbarkeit von Theorie und Praxis. Schriften Rudolf Hilferdings 1904–1940. Berlin und Bonn. S. 168-181. Erstveröffentlichung in: Die Gesellschaft, 1. Jahrgang (1924) 1. Band, S. 1-7.

HKWM Historisch-kritisches Wörterbuch des Marxismus. Herausgegeben von Wolfgang Fritz Haug. Hamburg 1994 ff.

Hobsbawm, Eric 2002: Das Zeitalter der Extreme. Weltgeschichte des 20. Jahrhunderts. 5. Auflage. München.

Hobson, John A. 1968: Der Imperialismus. Köln / Berlin 1968.

Imperialismus der BRD 1971: Institut für Gesellschaftswissenschaften beim ZK der SED: Der Imperialismus der BRD. Frankfurt am Main.

Hofmann, Werner 1984: Was ist Stalinismus? Heilbronn.

Holz, Hans Heinz 1995: Kommunisten heute. Die Partei und ihre Weltanschauung. Essen.

Holz, Hans Heinz 2010: Dialektik: Problemgeschichte von der Antike bis zur Gegenwart. Darmstadt.

Huffschmid, Jörg 2002: Politische Ökonomie der Finanzmärkte. 2. Aufl. Hamburg.

IMSF 1972–1975: Institut für Marxistische Studien und Forschungen (IMSF): Klassen- und Sozialstruktur der BRD 1940–1970. 3 Bde. Frankfurt/Main.

Kondratieff, N.D. 1926: Die langen Wellen der Konjunktur. In: Archiv für Sozialwissenschaft und Sozialpolitik, 56. Band 3. Heft. Tübingen. S. 573-609.

Katzenstein, Robert 1967: Die Investitionen und ihre Bewegung im staatsmonopolistischen Kapitalismus. Zu einigen Fragen der Reproduktion des fixen Kapitals, der zyklischen Bewegung der Gesamtproduktion und des technischen Fortschritts in Westdeutschland nach dem Kriege. Berlin 1967.

Katzenstein, Robert 1974: Technischer Fortschritt – Kapitalbewegung – Kapitalfixierung. Einige Probleme der Ökonomie des fixen Kapitals unter den gegenwärtigen Bedingungen der Vergesellschaftung der Produktion im staatsmonopolistischen Kapitalismus. Berlin 1974.

Kautsky, Karl 1887: Karl Marx' ökonomische Lehren. Gemeinverständlich dargestellt und erläutert. Stuttgart 1887.

Klein, Dieter 2007: Die Linke und das Eigentum. Zur programmatischen Diskussion. In: Brie, Michael, Cornelia Hildebrandt, Meinhard Meuche-Mäker (Hrsg.): Die Linke. Wohin verändert sie die Republik? Berlin. S. 192-218.

Kurz, Robert 2005: Das Weltkapital. Globalisierung und innere Schranken des modernen warenproduzierenden Systems. Berlin.

Lange, Oskar 1977 I: Zur ökonomischen Theorie des Sozialismus. In: Lange, Oskar: Ökonomisch-theoretische Studien. Herausgegeben von Halina Jaroslawska mit einer Einführung von Włodzimierz Brus. Frankfurt am Main / Köln 1977. S. 259-322.

Lange, Oskar 1977 II: Computer und Markt. In: Lange, Oskar: Ökonomisch-theoretische Schriften. Herausgegeben von Halina Jaroslawska mit einer Einführung von Włodzimierz Brus. Frankfurt am Main / Köln 1977. S. 323-327.

Lemmnitz, Alfred / Heinz Schäfer 1972: Politische Ökonomie des Kapitalismus. Frankfurt am Main.

Losurdo, Domenico 2010: Freiheit als Privileg. Eine Gegengeschichte des Liberalismus. Köln.

Losurdo, Domenico 2013: Das 20. Jahrhundert begreifen. Köln.

LW: Lenin, Wladimir Iljitsch: Werke. Bd. 1-40. Berlin 1961 – 1965.

Mandel, Ernest 1974: Der Spätkapitalismus. Versuch einer marxistischen Erklärung. 3. Aufl. Frankfurt am Main.

Mao 1968/1969: Mao Tse-Tung: Ausgewählte Werke. 4 Bde. Peking.

Marcuse, Herbert 1967: Der eindimensionale Mensch. Frankfurt am Main.

Mariátegui, José Carlos 1986: Sieben Versuche, die peruanische Wirklichkeit zu verstehen. Berlin.

Mariátegui Internet: www.marxists.org/archive/mariateg/works/ 1928/index.htm

Mayer, Tom 1994: Analytical Marxism. Thousand Oaks / London / New Delhi.

MEW: Marx, Karl / Friedrich Engels, Werke. Bde. 1-43. Berlin 1956–90.

Poulantzas, Nicos 1978: Staatstheorie. Politischer Überbau, Ideologie, Autoritärer Etatismus. Hamburg.

Projekt Klassenanalyse 1973/1974: Materialien zur Klassenstruktur der BRD. 2 Bde. Westberlin.

Reichelt, Helmut 2001: Zur logischen Struktur des Kapitalbegriffs bei Karl Marx. 4. Aufl. Freiburg i. Br.

Reiner, Sabine 1998: Was ist politisch an der Politischen Ökonomie? Joan Robinsons Beiträge zur Politisierung der ökonomischen Theorie. Baden-Baden.

RLW: Luxemburg, Rosa: Gesammelte Werke. 5 Bde. Berlin 1970 – 1975.

Roth, Karl Heinz 2009: Die globale Krise. Hamburg.

Scheele, Jürgen 1999: Zwischen Zusammenbruchsthese und Positivismusverdikt. Studien zur politischen und intellektuellen Biographie Henryk Grossmanns (1881–1950). Frankfurt am Main / Berlin / Bern / Bruxelles / New York / Wien.

Sraffa, Piero 1976: Warenproduktion mittels Waren: Einleitung zu einer Kritik der ökonomischen Theorie. Frankfurt am Main.

Steinhaus, Kurt 1967: Zur Theorie des internationalen Klassenkampfes. Frankfurt am Main.

Sternberg 1926: Der Imperialismus. Berlin.

Sweezy, Paul 1988: Theorie der kapitalistischen Entwicklung. Eine analytische Studie über die Prinzipien der Marxschen Sozialökonomie. Frankfurt am Main.

Sweezy, Paul / Maurice Dobb u. a. 1978: Sweezy, Paul, Maurice Dobb, Kohachiro Takahashi, Rodney Hilton, Christopher Hill, Georges Lefebvre, Giuliano Procacci, Eric Hobsbawm und John Merrington: Der Übergang vom Feudalismus zum Kapitalismus. Mit einer Einführung und einem Postskript von Rodney Hilton. Aus dem Englischen von Hans Günter Holl und Hans Medick. Frankfurt am Main.

Thalheimer, August 1970: Über den Faschismus. In: Bauer, Otto / Marcuse, Herbert / Rosenberg, Arthur u. a.: Faschismus und Kapitalismus. Theorien über die sozialen Ursprünge und die Funktion des Faschismus. Herausgegeben von Wolfgang Abendroth. Eingeleitet von Kurt Kliem, Jörg Kammler und Rüdiger Griepenburg. 4. Aufl. Frankfurt am Main / Wien. S. 19-38.

Thalheimer Internet: www.marxists.org/deutsch/archiv/thalheimer/1928/xx/fasch.htm

Tjaden, Karl Hermann 1990: Gesellschaftsformation, kapitalistische. I. Kapitalistische Gesellschaftsformation in historisch-materialistischer Sicht. In: Europäische Enzyklopädie zu Philosophie und Wissenschaften. Herausgegeben von Hans Jörg Sandkühler in Zusammenarbeit mit dem Istituto Italiano per gli Studi Filosofici

Napoli und mit Arnim Regenbogen und Chup Friemert, Werner Goldschmidt, Lars Lambrecht, Thomas Mies, Detlev Pätzold, Heinz Wagner. Band 2 F–K. Hamburg. S. 364, Sp. 1-388, Sp. 1.

Tjaden, Karl Hermann 1992: Mensch – Gesellschaftsformation – Biosphäre. Über die gesellschaftliche Dialektik des Verhältnisses von Mensch und Natur. 2. Aufl. Marburg.

Tjaden, Karl-Hermann 2008: Kann es einen »zukunftsfähigen Marxismus« geben? www.linksnet.de/de/artikel/23986

Tjaden-Steinhauer, Margarete / Karl Hermann Tjaden 1973: Klassenverhältnisse im Spätkapitalismus. Beitrag zur Analyse der Sozialstruktur unter besonderer Berücksichtigung der BRD. Stuttgart.

Trotzki, Leo 1965: Die Permanente Revolution. Frankfurt am Main.

Trotzki, Leo 1967: Ergebnisse und Perspektiven. Die treibenden Kräfte der Revolution. Frankfurt am Main.

TS: Trotzki, Leo: Schriften. 2 Bde. Hamburg 1988–1990.

Uno, Kōzō 1980: Principles of Political economy. Theory of a Purely Capitalist Society. Translated from the Japanese by Thomas T. Sekine. Brighton und Atlantic Highlands.

Varga, Jenö 1994: Unveröffentlichtes Manuskript. In: Duda, Gerhard: Jenö Varga und die Geschichte des Instituts für Weltwirtschaft und Weltpolitik in Moskau 1921–1970. Zu den Möglichkeiten und Grenzen wissenschaftlicher Auslandsanalyse in der Sowjetunion. Im Anhang: Jenö Varga – Unveröff. Manuskript. Berlin. S. 359-447.

[Vollgraf, Carl-Erich] 2012: Einführung. Marx, Karl: Ökonomische Manuskripte 1863–1868. Bearbeitet von Carl-Erich Vollgraf. Unter Mitwirkung von Larisa Mis'kević. Karl Marx / Friedrich Engels: Gesamtausgabe (MEGA) Zweite Abteilung: »Das Kapital und Vorarbeiten«. Band 4.3. Berlin. S. 421-474.

Wallerstein, Immanuel 2004–2012: Das moderne Weltsystem. 4 Bde. Wien.

**Georg Fülberth**

**Kapitalismus**

**Basiswissen Politik / Geschichte / Ökonomie**

5. Auflage
Pocketformat
127 Seiten; € 12,00 [D]
ISBN 978-3-89438-429-6

Dieser Leitfaden wendet sich an alle, die eine kritische, flüssig geschriebene und kompakte Einführung zum Thema Kapitalismus suchen. Um zu erklären, was diesen ausmacht, liefert der theoretische erste Teil die hierfür notwendigen begrifflichen Grundlagen. Zentral sind dabei »Akkumulation« und »Überakkumulation«. Sie bestimmen auch den Rhythmus der Geschichte dieser Wirtschaftsweise. Ihr gilt der zweite Teil des Buches, der vom Handelskapitalismus der Frühen Neuzeit bis zum Neoliberalismus der Gegenwart reicht. In seiner aktuellen Phase wird der Kapitalismus als »Problematische Überschussgesellschaft« bestimmt. Dieser Begriff dient auch zur Erklärung des Spekulations- und Überakkumulationszyklus, der in die Krise von 2007 ff. mündete. Wachsende Kriegsgefahr, eine drohende Klimakatastrophe und Digitalisierung markieren den Beginn einer neuen Phase des Kapitalismus.

## Georg Fülberth

## »Das Kapital« kompakt

**Basiswissen Politik / Geschichte / Ökonomie**

7. Auflage
Pocketformat
124 Seiten; € 12,00 [D]
ISBN 978-3-89438-452-4

Die vorliegende Einführung in ›Das Kapital‹ unterscheidet sich von anderen auch dadurch, dass sie nicht polemisch zu belegen versucht, dieses Werk besser verstanden zu haben als jene. Sie zeichnet zwar ebenfalls dessen Gesamtargumentation nach, zeichnet sich aber dadurch aus, dass sie 1) besonderes Gewicht auf den dritten Band legt; 2) die Rehabilitation der reinen Arbeitswertlehre, wie sie im ersten Band entwickelt ist, übernimmt; 3) danach fragt, in welchem Verhältnis die Analyse der kapitalistischen Produktionsweise und die Untersuchung der Möglichkeiten ihrer Aufhebung in der Marxschen ›Kritik der Politischen Ökonomie‹ zueinander stehen. Die Erkenntnisse der ›Neuen Marx-Lektüre‹ und der ›Monetären Werttheorie‹ werden dabei aufgenommen, aber vom Kopf auf die Füße gestellt. Das Ziel dieser Einführung ist erreicht, wenn die Leserinnen und Leser neugierig auf das Original werden und dessen Lektüre folgen lassen.